AF200140

Gift und Grazie

Barbara Deußer

Gift und Grazie

Versuch über die Ambivalenz des Schönen

Bibliografische Information der Deutschen Nationalbibliothek.
Die Deutsche Nationalbibliothek verzeichnet diese Publikation
in der Deutschen Nationalbibliografie; detaillierte bibliografische
Daten sind im Internet über http://dnb.dnb.de abrufbar.

© 2019 Barbara Deußer
Satz, Umschlaggestaltung, Herstellung und Verlag:
BoD – Books on Demand, Norderstedt
Covergrafik: Plawarn/ Shutterstock.com
ISBN 978-3-7494-8799-8

Inhalt

Viertes Kapitel
Giftgrazie
Die Ambivalenz des Schönen

Vorwort und Überblick

Worum geht es in diesem Versuch über eine Ambivalenz des Schönen und wofür steht dieses mächtige Titelpaar Gift und Grazie?
Das sind zwei Fragen, die vorab angesprochen werden sollen.
Nun ist es aber so, dass ich mit dem Schreiben beginne, um selbst herauszufinden, was es mit den Fragen auf sich hat, die sich mir stellen und aus denen meine Vorstellungen, meine Gedanken sich entwickeln und verwickeln, während die Fragen sich verdichten und plötzlich Begriffe hervorbringen, die sich zu Titeln und Überschriften formen und zu Bildern, in denen sich das Wahrgenommene mit dem Gedachten und dem Erinnerten verbindet.

Bilder sind noch keine Antworten, aber als kompensiertes Denken und Empfinden öffnen sie sich den Fragen und dem Fragenden.
Obwohl in diesem Versuch sechs Naturbilder – poetische Inszenierungen – jeweils als Text und als Zeichnung von Anfang an im Mittelpunkt standen, zu denen sich der Titel »Gift und Grazie« einstellte, wuchs der theoretische Rahmen um dieses Begriffspaar mächtig an, sodass ich befürchtete, die Bilder und die Ausführungen zum Begriffspaar könnten sich allzu sehr verselbstständigen und in eine Beziehungskrise geraten.
Dies aber bedeutet genau den Punkt meines Interesses an diesem Thema:
Beziehungen aufzuzeigen zwischen weit führenden und komplexen Gedanken und der sinnlichen Wahrnehmung von Naturphänomenen, der Beziehung zwischen Natur und Geist, unbewusster Wahrnehmung (Kontemplation) und bewusster Konzentration, vor allem aber der Konflikte, die aus diesen Beziehungen entstehen.
Deshalb musste auch das Schöne der Natur, von dem hier die Rede sein soll – das Subjekt, nicht das Objekt dieses Ereignisses, das mir begegnete –, ein zwiespältiges sein.

Den Begriff Ästhetik gebrauche ich im Sinn des altgriechischen Wortes aisthesis, welches *Wahrnehmung*, aber auch Sinn, Empfindung und Erkenntnis bedeutet.

Thema dieses Versuchs ist also ein ästhetisches Problem, dennoch handelt es sich hier nicht um eine kunstphilosophische Auseinandersetzung, vielmehr um ein subjektives und freies Gedankenspiel zwischen Wahrnehmung und Assoziation.

Wahrgenommenes wird dargestellt und mit Analogem oder Gegensätzlichem aus Mythologie, Märchen, Volksglaube, Literatur und Malerei zusammengefügt.

Meine Hauptdarsteller sind Pflanzen in ihrer Umgebung, die ich oft und lange betrachtet habe, da ihre Erscheinung, ihr äußeres Wesen, mich jedes Jahr aufs Neue anzog. In der Anschauung ihrer Gestaltungen, der Veränderungen ihres Wachstums, ihres Erscheinens und Verschwindens, glaubte ich, etwas Wesentliches zu erkennen, etwas, das einen Punkt in mir selbst betraf.

Ein wunder Punkt, der mich fragen ließ, warum ich gerade den Anblick dieser Pflanzen und Naturphänomene suchte, wie sie es schafften, mich immer wieder zum Staunen zu bringen, und mich verwirrten, da ich mir oft nicht im Klaren darüber war, was mich mehr reizte: ihre Schönheit oder ihre Merkwürdigkeit.

Das, was uns in Verwunderung versetzt, ist meist etwas Unbestimmtes, schattenhaft Bizarres, die Oszillation einer Erscheinung, die nicht in den Kanon des Vertrauten und Bekannten passt und nicht den Ausruf: »Wie schön!« aus uns hervorlocken will, denn in diesem heterogenen Schönen, das uns hier begegnet, erklingt ein dissonanter Ton, ein Missklang, der uns gerade deshalb so berührt und erregt, weil er uns zweifeln lässt, uns kopfscheu macht.

Das harmonisch Schöne – die Vorstellung einer idealen Gestalt – bildet nur eine Seite eines ästhetischen Ereignisses, doch nur in seiner Doppelgestalt, schön und hässlich, offenbart es sein ganzes Sein.

Obwohl die theoretischen Betrachtungen, die meine Naturbilder ein-
leiten und ausklingen lassen, viele Gebiete und Ideen aus Philosophie,
Wissenschaft und Kunst berühren, handelt es sich bei meinem Versuch
über die Ambivalenz des Schönen – das möchte ich hier noch einmal
ausdrücklich betonen – nicht um eine wissenschaftliche Erörterung,
sondern eher um eine persönliche Studie, um Skizzen und Fundstücke,
die ich sammelte und zusammenfügte mit dem Wunsch, ihnen eine
angemessene Gestalt zu geben.
Der Titel »Gift und Grazie« benennt nicht nur das Thema, er ist auch
Methode:
Ausdruck und Inhalt, Form und Idee sollen aus einem Stoff sein.
Die von mir dargestellten Gedanken und die sinnlich wahrnehmbaren
Phänomene sind in einem nicht genau abgrenzbaren Zwischenreich zu
verorten, wo Gedanke und sinnlicher Anreiz sich zu einer Form vereinen, Natur und Kultur ineinander spielen. Hier kreuzen sich Bewusstes und Unbewusstes zu einer Doppelgestalt, die das Unbestimmte des
Wahrgenommenen, das, was sich nicht durch Worte einfangen lässt, in
sich aufnimmt, was mit dem Verzicht auf Eindeutigkeit und Präzision
einhergeht, und auch das gehört zur Methode.
Das Widersprüchliche soll nicht geklärt, das Zwiespältige aber erhöht
werden zur poetischen Form des Ambivalenten.
Nur eine Ambivalenz des Schönen führt, und das ist das Leitmotiv, zur
sinnlichen Erkenntnis, die selbst ein Paradox zu sein scheint.

Dieser Versuch ist für alle gedacht, die eine gewisse Vorliebe für das
Kontroverse hegen, die gern ihre Denk- und Sehgewohnheiten infrage
stellen und bereit sind, sich irritieren zu lassen, kurzum für den risi-
kobereiten, eigensinnigen Leser.

Da man sich an dieser Stelle bekanntlich bedankt, möchte ich mich hier
bei meinen sechs Hauptdarstellern für ihre Präsenz und ihre Geduld
bedanken, vor allem aber für die Freude, die mir ihr Erscheinen jedes
Jahr aufs Neue bereitet.

Aber natürlich bedanke ich mich auch bei allen, die mich mit Interesse, Rat und Hilfe bei meiner Arbeit unterstützten.

Überblick

Das erste Kapitel ist dem Begriff Grazie gewidmet.
Nach einer kurzen Erläuterung über Herkunft und Bedeutungsspektrum des Begriffes folgen Darlegung und Interpretation des Aufsatzes von Heinrich von Kleist »Über das Marionettentheater«, eine spektakuläre und im besten Sinne paradoxe Auslegung des Begriffs *Grazie*.
Von Kleist ist der Meister des Ambivalenten, der zerrissenen Charaktere, ihres bewussten und unbewussten Tuns und Scheiterns, des Rätsels, der »*unwahrscheinlichen Wahrhaftigkeiten*«, kurzum des Gesetzes des Widerspruchs als Grundstruktur der menschlichen Existenz.
Als zweiten Schwerpunkt für das Bezugsfeld der Grazie wählte ich einen Begriff der japanischen Ästhetik, *Yūgen*, da dieser eine durch seine beiden Silben gebildete bipolare Struktur aufweist, die dem Vorgang des *kontemplativen Gewahrwerdens*, ein für die japanische Ästhetik grundlegendes Prinzip, entspricht.
Wie kaum eine andere Kultur ist die japanische mit der Wahrnehmung der Natur verbunden, woraus sich Tiefe und Transzendenz ihrer Kunst gebildet haben.

Das zweite Kapitel gehört den entgegengesetzten Komponenten meines Begriffspaares: dem Gift.
Gift – als Substanz und Metapher – spielt in der Entwicklungsgeschichte des Menschen eine hervorragende Rolle.
Dies zeigt sich in seinen Mythen und Märchen. Viele dieser Geschichten bewegen sich auf der Grenze zwischen Natur und Kultur.
Vielleicht waren es ja diese besonderen Substanzen, gewonnen aus Pflanzen und Pilzen, die dem Menschen die erste Begegnung mit einer geistigen Welt ermöglichten.

Auch das Wort Gift hat eine bipolare Struktur als Mord- und Heilmittel, dies betrifft die Substanz wie die Metapher, als vermittelndes Prinzip kommt die Verführung dazu: der Gift-Liebes-Pfeil.

Das dritte Kapitel bildet den Mittelpunkt und Hauptteil meines Versuchs und beinhaltet sechs Naturbilder.

Abschließend **im vierten Kapitel** versuche ich, die zahlreich ausgelegten Fäden noch einmal aufzunehmen und zusammenzufügen, um damit eine Form der Ambivalenz des Schönen zu entwerfen.

Grazie

Grazie
Ein ungewisses Etwas

»Wer das Tiefste gedacht, liebt das Lebendigste«
(Friedrich Hölderlin, »Sokrates und Alcibiades«)[1]

Zugegeben, der Begriff Grazie ist aus der Mode gekommen, er klingt ein wenig verstaubt oder allzu gehoben, besitzt aber, wie sich im Folgenden zeigen wird, auch weiterhin ein enormes poetisches Potenzial.
Grazie gehört zur Schönheit, bezeichnet aber eine besondere Erscheinungsform des Schönen: etwas Unbestimmtes, schwer Fassbares, das über den Begriff der Schönheit hinausgeht, ihn sozusagen entgrenzt.
Allein der Blick auf die Synonyme des Wortes Grazie lässt die Weite des Bedeutung- und Assoziationsfeldes erkennen.
Neben dem Wort Anmut, das fast vollkommen identisch gebraucht wird, werden vor allem genannt: Charme, Liebreiz, Zauber, Charis(ma), Attraktivität, aber auch Talent, Gnade, Güte und Freundlichkeit; und es erfolgt immer wieder der Hinweis auf das Lebendige und Natürliche der Bewegung, in der Grazie erscheint, *»… einer unmittelbar in der Natur selbst begründeten Schönheit des Lebendigen«[2]*, hervorgehend aus einem vollkommenen Zusammenspiel von Körper und Seele, das *»… vom Betrachter als Ausdruck der völligen Harmonie von Leib und Seele des sich Bewegenden empfunden wird.«[3]*

Die mythische Herkunft des Begriffs von den drei Göttinnen, den Grazien oder Chariten, verleiht ihm den Hintersinn einer göttlichen Gabe, einer außergewöhnlichen Begabung, die das so beschenkte Wesen auszeichnet und auf andere einen unwiderstehlich anziehenden Reiz ausübt.
Die Chariten, die drei *»schönwangigen«* Töchter des Zeus und der Eurynome, Aglaia, Thalia und Euphrosyne, erscheinen im Gefolge der

Musen, der Göttinnen der Künste, deren geistig schönen Gesang sie krönen durch die Grazie, den Liebreiz ihres Vortrags.

Sie besitzen und verleihen die Zauberkraft der Verführung, die Sehnsucht *(Himeros)* begleitet sie.[4]

Die Verlockung ihrer anmutigen Gesten und Stimmen, ein sich zum Hörer und Zuschauer Hinwenden des Schönen, erreicht so, in Bewegung verwandelt, die Seele.

Doch nicht nur mit den Musen, auch mit den Horen, den Göttinnen der Jahreszeiten, der Ordnung der Natur, sind sie verwandt, ein Doppelsinn, der auch den Begriff wesentlich kennzeichnet.

Das Lebendige, Bewegte und Bewegende gehört zum Erscheinen der Grazie in der Natur wie auch in der Kunst, in Letzterer bezeichnet sie das Ereignis, die Inszenierung, das Prozesshafte, dass etwas mit besonderer Grazie oder Anmut ausgeführt wird:

Grazie ist das Erscheinen des Schönen im Augenblick einer Bewegung oder Geste.

> »... das schöne aber kann auch ganz in dem Moment der Erscheinung gefangen sein; und dann nennen wir es anmut oder grazie.«[5]

Von dieser Erscheinung geht ein Zauber aus, der nicht durch Regelhaftigkeit und Formwillen hervorgebracht werden kann, sondern sich vielmehr in deren Abwesenheit – wie von selbst – ereignet.

Die graziöse Bewegung kann durchaus harmonisch, im Sinne von formvollendet, wirken, sie erscheint jedoch nie gestellt oder gar gekünstelt, sondern mit natürlicher Leichtigkeit, und gerade dieses Unbeabsichtigte, Schwebende, Momenthafte oder auch Zufällige löst das gewisse Etwas aus, das uns bezaubert.

Von den drei Göttinnen und ihren Gaben rührt auch der feminine Aspekt des Begriffs, dazu kommt seine Verbindung zum Natürlichen wie zur Natur selbst, womit ja auch das Weibliche assoziiert wird. Auch hier tritt Grazie über die Schönheit hinaus.

Ein Beispiel dafür gab uns Goethe in seinem Faust, wenn er den Kentauren Chiron von Helenen schwärmen lässt:

> *»Was!… Frauen-Schönheit will nichts heißen,*
> *Ist gar zu oft ein starres Bild;*
> *Nur solch ein Wesen kann ich preisen*
> *Das froh und lebenslustig quillt.*
> *Die Schöne bleibt sich selber selig;*
> *Die Anmuth macht unwiderstehlich,*
> *Wie Helena, da ich sie trug.«*[6]

Halten wir also fest:
Zum Erscheinen von Grazie gehört das Lebendige, Natürliche, Ungezwungene, das sich in einer Bewegung, einer Geste oder einem Ereignis – im Moment des Erscheinens – zeigt; das Starre, für sich selbst Seiende, das zu sehr und bewusst Gewollte sowie das durch Regeln Eingegrenzte kann schön sein, es mangelt ihm aber an Grazie.
Um zu einem ästhetischen Begriff zu werden, bedarf es aber ebenso der *»verwurzelung im geistigen und seelischen«*[7], anderenfalls wäre auch das von mir angekündigte poetische Potenzial nicht zu erreichen. Hinzu kommt noch ein moralischer Anspruch:
Grazie sei der Ausdruck einer *»schönen Seele« (Schiller)*[8], die sich zeige, wenn (hier durch das Regime des Menschen) der Körper sich mit ihr identisch weiß, die Natürlichkeit aber erhalten bleibe.
Wir sprechen dann vom Fließenden, Bruchlosen einer Bewegung und wir sind hingerissen und fasziniert von dieser natürlichen, unwillkürlichen Energie, einer Art *Entelechie* (Verwirklichung und Vollendung).

Die *Entelechie* des Körpers ist für Aristoteles die Seele, die ihren Ausdruck als Form im Stoff verwirklicht; als durchaus bewusste Verwirklichung einer unverfügbaren, unbewussten Grazie.[9]

Das Ganze des Schönen umfasst Ewigkeit und Augenblick.

Grazie entspringt dem Schwerpunkt des Schönen, löst sich aber auch federleicht von ihm ab, schwerelos wie jede anmutige Geste, die nichts von sich weiß.

»*Die Gabe zu gefallen …*«[10], ist in Baudelaires Prosagedicht »*Die Gaben der Feen*« die höchste und beste der Gaben, die die Feen zu verteilen haben, nicht als Belohnung, sondern aus Gnade verliehen.

Was wir uns als ein Geschenk der Götter vorstellen, wird uns durch ihre Boten überbracht, vermittelnde, bewegende Kräfte, meist befiedert, von manchmal erschreckender Helligkeit, die uns heimsuchen, ergreifen und erwecken.

Einer von ihnen ist Eros, goldbeflügelt, aber auch finster und gewalttätig, der schönste und einer der ersten der unsterblichen Götter, entstanden aus der formlosen Leere, dem Chaos, und der formgebenden fruchtbaren Fülle, Gaia, Göttin der Erde, der allen – Göttern und Menschen – »*… den Sinn in der Brust überwältigt und ihr besonnenes Denken.*«[11]

Grazie, Sehnsucht und Liebesverlangen sind Triebkräfte, unsichtbare, sich nur in ihren Wirkungen zeigende Energie: »*Quintessenz*«[12], Bewegkraft des Universums.

In Platons Apologien des Wahnsinns und des Liebhabers, im Dialog *Phaidros* und im *Symposion*, wird aus dem Schöpfergott Eros die eigentliche Triebkraft des Philosophierens.

Der Philosoph wird zum Liebhaber, doch sieht er durch den Liebreiz des Geliebten hindurch den Gott, beide, der Liebende und der Geliebte werden gottähnlich, denn die Seele kann sich endlich, schauend, an ihr göttliches vorbewusstes Sein erinnern.[13]

∗

Im Angesicht des beseelten, lebendigen, seines Reizes unbewussten Schönen, der Grazie, spürt der Mensch seinen Mangel und das Begehren nach der verlorenen Ganzheit, ein Sehnsuchtsschmerz, der ihn dazu bewegt, sich selbst zu erforschen, die Tiefe seiner Gedanken auslotend, nach seinem Anteil, seiner Teilhabe am unvergänglichen Sein, an der Unsterblichkeit.

Doch müssen wir aus dieser Tiefe immer wieder hinaus ins Schauen, in den Anblick der Natur, des Draußen, des anderen vertieft, ins Offene.

Anmerkungen und Literatur

1 Friedrich Hölderlin: »Sämtliche Werke«, herausgegeben von Friedrich Beißner, Frankfurt/M., 1961, S. 190.

2 Duden, Vergleichendes Synonymwörterbuch, Bd. 8, bearbeitet: Paul Grebe, Wolfgang Müller, Mannheim 1964, S. 53.

3 ebenda.

4 Hesiod: »Theogonie« (64), übersetzt von Otto Schönberger, Stuttgart, 1999, S. 9.

5 Jakob und Wilhelm Grimm: »Wörterbuch der deutschen Sprache«, 4. Bd., Leipzig, 1949, 2245 ff.

6 Johann Wolfgang von Goethe: Faust II, 2. Akt, München, 1997, S. 135.

7 siehe Anm. 5.

8 Friedrich Schiller: »Über Anmut und Würde« in »Theoretische Schriften Zweiter Teil«, dtv-Gesamtausgabe, München, 1966, S. 36.

9 Georgi Schischkoff (Hg.): »Philosophisches Wörterbuch«, Stuttgart, 1978, S. 155–156.

10 Charles Baudelaire: »Kleine Prosagedichte, Der Spleen von Paris«, Darmstadt, 2000, S. 70.

11 Hesiod, siehe Anm. 4, (120), S. 13.

12 *Quintessenz*, ein von Aristoteles für den Äther verwendeter Begriff, bezeichnet gegenwärtig in der Astrophysik »die Dunkle Energie … das fünfte Element …«, eine fünfte Naturkraft. Adalbert W. A. Pauldrach: »Dunkle kosmische Energie«, Heidelberg, 2011, S. 10–11.

13 vgl. »Platon, Meisterdialoge«, Phaidon – Symposion – Phaidros, übertragen von Rudolf Rufener, Zürich, München, 1986.

Die Beziehung zwischen
Grazie und Bewusstsein
in Heinrich von Kleists
»*Über das Marionettentheater*«

»Durch diese schöne Anstrengung mit sich selbst bekannt gemacht,
hob sie sich plötzlich, wie an ihrer eigenen Hand, aus der ganzen Tiefe,
in welche das Schicksal sie herabgestürzt hatte, empor.«
(H. v. Kleist »Die Marquise von O…«)[1]

»Wenn sie (die Überlegung) vorher, oder in dem Augenblick der Ent-
scheidung selbst, ins Spiel tritt: so scheint sie nur die zum Handeln nötige
Kraft, die aus dem herrlichen Gefühl quillt, zu verwirren, zu hemmen
und zu unterdrücken …«
(H. v. Kleist »Von der Überlegung«)[2]

»What is mind? No matter. What is matter? Never mind.«
(Thomas Hewitt Key, Altphilologe, 1799–1815)

Kleists Gedankenexperiment »*Über das Marionettentheater*«[3] erschien
im Winter 1810, ein Jahr vor seinem Tod, in den »Berliner Abendblät-
tern«, die er selbst führte und herausgab.
Diese Schrift, die zur Zeit ihres Erscheinens wenig Beachtung fand,
löste in der Folge eine Vielzahl kontroverser Diskussionen und Inter-
pretationen über ihre Deutung und Bedeutung aus, die bis heute zu
keinem einstimmigen Ergebnis gekommen sind.
Das aber, was Kleist in dieser Schrift über die Grazie äußerte, machte
diesen Begriff zu einem der schillerndsten der Ästhetik, da hier die
Hoffnungen, die zu dieser Zeit in das Schöne und insbesondere in die
Grazie gesetzt wurden, ad absurdum geführt und sich – auf den Kopf
gestellt – wiederfanden.

Die mittels der sich selbst kritisierenden Vernunft in Geist und Materie, Leib und Seele geteilte Welt, der Bruch des Menschen mit der Natur, der seinen mutmaßlichen Anfang im Paradies nahm, sollte wieder überwunden werden, durch den sich aus seinem Triebschicksal selbst befreienden neuen Menschen, der, durch die Vernunft erhoben, in Hinblick auf das Erhabene, sich der Natur erneut zuwandte, als Künstler, zur Versöhnung bereit.

Das Genie, der in Freiheit schöpferische Mensch, sollte der Erlöser sein aus der sich bereits ankündigenden Entfremdung des Menschen von seiner inneren, natürlichen und göttlichen Gesetzmäßigkeit.

»… *das freie Prinzipium im Menschen*«[4], schreibt Friedrich Schiller in »*Anmut und Würde*«, trete selbst an die Stelle der Natur und übernehme deren schöpferische Funktion, die Freiheit regiere die Schönheit. Die Schönheit ist für ihn zwar eine Gabe der Natur, die Anmut aber ist der Ausdruck der Bewegung des selbstbewussten, selbstbestimmten Menschen. Ein Ausdruck, in dem das Zusammenspiel von Körper und Geist, Vernunft und Sinnlichkeit sich spielend offenbare.[5]

Um dies zu erreichen, müsse aber die Grazie, einmal erworben, wieder ins Unbewusste zurückreichen, zur zweiten und neuen Natur des Künstlers werden, damit Kunst wie Natur und Natur wie Kunst erscheine.[6]

Der Schein einer Verbundenheit trüge aber über die Trennung nicht hinweg.

> »*Die menschliche Natur ist ein verbundeneres Ganze in der Wirklichkeit,*
> *als es dem Philosophen, der nur durch Trennen was vermag, erlaubt ist,*
> *sie erscheinen zu lassen, …*«[7], *so wieder Schiller.*

Diese schöne Vision eines freien, seine Seele selbst regierenden, aber dennoch mit einem Ganzen verbundenen Menschen, aus dessen Tat und Bewegung Grazie hervorgehe, macht von Kleist mit seinem »Marionettentheater«, seiner Paradoxe, zunichte.

»Nach Rousseau sind Paradoxa große Wahrheiten, die 100 Jahre zu früh erscheinen.«[8]

Ihre Wirkungen sind zeitlos.

Der Widerspruch gegen die gängige Meinung, das Aushebeln der Logik des allgemein Anerkannten, dient nicht der Flucht in eine Gegenrealität, sondern der Selbstanalyse, einer bewusst erbarmungslosen Überprüfung der Funktion und Bedeutung des Bewusstseins, insbesondere für den künstlerischen Ausdruck, denn das Thema dieses raffiniert konzipierten Dialogs, oder Monologs für zwei Stimmen, ist die Beziehung zwischen Grazie und Bewusstsein, dem Ästhetischen und dem Logischen, wobei im Verlauf des Gesprächs die Waagschale des Ästhetischen sich in dem Maße senkt, wie das Logische an Gewicht verliert. Von Harmonie und Versöhnung zwischen Geist und Materie, Vernunft und Sinnlichkeit ist hier von Anfang an keine Rede mehr, am Ende bleibt höchstens eine negative Utopie.

Die Bühne für dieses Gespräch zwischen zwei Männern bildet ein Rummelplatz, platteste Unterhaltung für den Pöbel, hier treffen sie sich, zufällig, der Künstler und der Fragende. Der Künstler, ein Tänzer, im Verlauf der Unterredung mit sich selbst und seiner Kunst bekannt werdend, erkennt, dass diese niemals dem an sie gestellten Anspruch, dem Ideal einer Einheit zwischen Vernunft und Sinnlichkeit, gerecht werden könne, da sie mit einem unvermeidlichen und irreparablen Mangel behaftet sei. Der Gedankengang, den der Tänzer, ein Meister seines Fachs und Publikumsliebling, mithilfe und im Verlauf des Gesprächs nun entwickelt, gleicht einer Selbstvernichtung seiner Kunst.

Sein Gesprächspartner ist ein unbenannter und *»nicht eben ein scharfdenkender Kopf«*[9], der nur dazu dient, des Tänzers festgefahrene Gedanken durch seine Fragen und Widerstände erneut in Schwung zu setzen, ohne dass dieser am Anfang selbst weiß, wohin ihn das führen wird.

Dank der einmal ausgelösten Bewegung setzt der Künstler zu ungeheuren Gedankensprüngen und Pirouetten an und verführt letztendlich den sich nur zögerlich aufs Parkett begebenden und anfangs ahnungslos Fragenden zu einem, wenn auch nur kurzen *Pas de deux*.

Zur Choreografie der Inszenierung des Gesprächs gehören auch die Momente des Erstaunens, der Ausdruck der Verlegenheit über das Ausgesprochene. Ein fast schamhaftes Zur-Seite-Blicken oder Niederschlagen der Augen unterbricht hin und wieder den Redefluss.

Der Tänzer liebt die Improvisation und als Mann des Theaters (als Kenner der *Poiesis*[10]) das Paradox des überraschenden, aber dennoch folgerichtigen Umschwungs, kein *Deus ex Machina* ist erforderlich, das Wunderbare vollzieht sich ganz natürlich im Vertrauen auf das Gefühl, das das Wahre erkennt, auch wenn dieses unwahrscheinlich erscheint, bevor die besserwisserische Überlegung alles verschiebt und nichts mehr da ist, wo es sein sollte.

Der Gegenstand, an dem sich das Gespräch entzündet, ist ein primitiv zusammengezimmertes Marionettentheater, rohestes Handwerk, die Puppen tanzen, die Bewegung der Glieder: *»nichts als Pendel.«*[11]

Was könne denn ein Tanzkünstler hier lernen und wie funktioniere der Puppentanz, den der Tänzer als durchaus graziös bezeichnet, will der Fragende wissen. Das Geheimnis sei, so beginnt der andere, dass die Marionette nur einen Schwerpunkt habe, der folge einer meist geraden Linie, und diese sei so einfach zwar, aber auch etwas sehr Geheimnisvolles:

> *»Denn sie wäre nichts anders, als der Weg der Seele des Tänzers.«*[12]

Dann müsse der Maschinist, der Puppenspieler, doch eine Ahnung haben vom Schönen im Tanz, wirft der Fragende ein.

Der Maschinist, der jenem Weg folge, fährt der Tänzer fort, müsse im Geiste tanzen, aber es sei nicht die Geschicklichkeit des Puppenspielers, die die Grazie der Bewegung hervorbringe, vielmehr verhielten sich die Bewegungen der Finger des Spielers zu den Bewegungen der Puppe eher *»künstlich … wie Asymptote zur Hyperbel.«*[13]

Wir erhalten »*Formel und Metapher*«[14] für ein indirekt proportionales Verhältnis, das Bild einer unmöglichen Berührung, je mehr sich die Asymptote auch ihrer Kurve, der Hyperbel(äste) nähern mag, es gibt – im Endlichen – keine Berührung.

Je mehr sich die Puppe dem Einfluss des Puppenspielers entziehe, dieses »*letzten Bruchs an Geist*«[15], nur noch von ihrem eigenen Mechanismus regiert, umso graziöser werde ihr Tanz, denn sie folge nur noch sich selbst und bewege sich vollkommen, d. h. in ihrem Schwerpunkt.

Der über seine eigene Kunst reflektierende Künstler kommt zur ersten Schlussfolgerung:

Der Schwerpunkt der Bewegung und die Seele, von ihm »*vis motrix*«[16] (Bewegkraft) genannt, müssten synchron verlaufen, immer am selben Ort sein, sonst sei eben alles schief und verschoben, und das sei der Vorteil der Puppe, ein negativer, denn es mangele ihr an *Ziererei*. Diese Bezeichnung für eine erzwungene und bemühte Geste wird hier zum Gegenbild des Erscheinens von Grazie.

Nachahmung des Unmittelbaren wirkt immer lächerlich.

Ziererei erscheine, fährt der Tänzer fort, wenn es zwischen Schwerpunkt und Seele keine Berührung und keinen Zusammenfall gebe, ein Mangel menschlicher Tanzkunst, der, phylogenetisch bedingt, ein unabwendbares Schicksal des Menschen sei, seitdem wir vom Baum der Erkenntnis gegessen hätten, und nun sei das Paradies verriegelt und wir müssten eine Reise um die Welt machen, ob wir vielleicht von hinten irgendwie, irgendwo wieder hineingelangen könnten.

Doch passt ein Hintereingang so wenig zum Paradies wie ein Notausgang zur Hölle.

Was den Fragenden in Erstaunen versetzt und zum Widerstand reizt, ist, dass der Tanzmeister behauptet, die Marionette, das seelenlose Holz, bisher Symbol für Fremdbestimmtheit und hölzerne, unnatürliche Bewegung, sei – in puncto Grazie – dem Menschen weit überlegen, unerreichbar und nur mit einem Gott vergleichbar; »*und hier*« – zwischen geistloser Materie und absolutem Geist – »*sei der Punkt, wo die beiden Enden der ringförmigen Welt ineinander griffen.*«[17]

Das ist ungeheuerlich, der Tänzer hat einen heiklen Punkt erreicht, seine Paradoxe weit vorangetrieben, vielleicht befürchtet er, dass ihm der Fragende nun nicht mehr folgen will, und kontert gleich im Voraus, dass, wer das nicht verstehe, der habe das dritte Kapitel vom ersten Buch Moses (die Paradiesgeschichte) nicht mit Aufmerksamkeit gelesen. Diese Unkenntnis des Anfangs der Bildungsgeschichte des Menschen verbiete folglich, dass man über deren Ende spreche.

Hier ist der Moment des Umschwungs, der Fragende wird zum Redner.

Anstatt sich endgültig abzuwenden und den Rummelplatz und des Tänzers Paradoxe zu verlassen, wechselt er die Seite und gibt nun selbst ein Beispiel zum Besten, um zu beweisen, dass er sehr wohl wisse, *»welche Unordnung, in der natürlichen Grazie des Menschen, das Bewusstsein anrichte.«*[18]

In dieser Geschichte berichtet er von einem jungen Mann, der, sich im Spiegel betrachtend und durch sein eigenes Spiegelbild an die graziöse Geste der Statue des Dornausziehers erinnert, den Fehler begeht, sie bewusst nachahmen zu wollen; nach diesem Missgriff sei es für immer vorbei gewesen mit seiner wunderbaren Anmut. Der junge Mann habe *»seine Unschuld verloren, und das Paradies derselben.«*[19]

Unschuld aber bedeutet nicht schuldlos, sondern vor der Schuld, vor der Erkenntnis von Gut und Böse, ein Zustand, in dem das unbewusste Wissen die Bewegung regiert.

Beim Tier nennen wir es Instinkt, doch bezeichnet der Begriff nur eine besondere Form der Sicherheit eines vom Unbewussten regierten Gefühls.

Ein Beispiel für diese Sicherheit des Instinkts bringt nun wieder der Tänzer, durch den Beitrag seines Gesprächspartners ermuntert, erzählt er von einem Bären, von dem er zwar nicht das Tanzen, dafür aber das Fechten lernen durfte, denn der Bär parierte alle seine Stöße, aber das, was den Fechter endgültig besiegte, war dessen Fähigkeit – *»was ihm kein Fechter der Welt nachmacht«*[20] –, die geschicktesten Finten zu

durchschauen, es erschien ihm, als er ihm »*Aug in Auge*«[21] gegenüber-
stand, als könne das Tier in seiner Seele lesen.

Der Fragende nimmt die Anekdote mit Begeisterung auf und nach
einem kurzen Austausch gegenseitiger Erkenntnisfreude kommt der
Tänzer zum Beschluss, zur Auflösung seiner Paradoxe, die keine Erlösung verspricht:

Das Bewusstsein – Seinsform des Ichs, Fülle des Augenblicks, Selbst-
vergewisserung, dass ich es bin, der erlebt, dass ich die Grenze zwischen mir und dem Außen, dem anderen wahrnehme und empfinde,
dass ich denke, handle und verantworte, Ort der Entscheidung, Treff-
punkt von Gedächtnis und Emotion, im *Präfrontalen Cortex*, im Stirn-
bereich gelegen, genau dort, wo man früher das Dritte Auge, die Öffnung zur höchsten Erkenntnis vermutete – sei der Stolperstein, der
Grazie verhindere:

> »*Wir sehen, daß in dem Maße, als, in der organischen Welt, die Refle-
> xion dunkler und schwächer wird, die Grazie darin immer strahlender
> und herrschender hervortritt.*«[22]

Den Tänzern mangele es an Grazie, ohne die kein Tanz sei, wie im
Leben nichts glücken könne, ohne die Sicherheit des Gefühls, mit der
man unmittelbar, unbewusst das Richtige tue, die einzige Anstrengung,
die – mit Grazie ausgeführt – das Wahre hervorbringe, und nur aus
dieser Verdunkelung der Vernunft löse sich der göttliche Funke, die
Entelechie unseres Handelns und Gestaltens, in der Form einer glück-
lichen und schönen Tat, die uns aufs Tiefste mit uns selbst bekannt
mache.

Als Antipode der Grazie zeigt sich hier das Bewusstsein weniger als die
unseren Trieben Grenzen setzende Vernunft, vielmehr als dämonische
Macht, die sich mit zerstörerischer Gewalt »*wie ein eisernes Netz um
das freie Spiel seiner Gebärden*«[23] legt, dem Künstler wie ein Kobold im
Nacken sitzt oder wie ein Schatten über seinen Gedanken schwebt, sich
zuvorkommend einmischt und das Kunstwerk verdirbt.

Der Künstler ist nur noch eine Parodie seiner selbst, da er den Zugang zum Traumhaften, den unbekannten und unbenannten Einflüsterungen, den Stimmen der Musen und Sirenen, der Zauberwesen, die schon den Versuch einer Überlistung mit ewigem Schweigen bestrafen, verloren hat.

Der Tänzer beschließt seine Rede mit einem Ausblick.

Diesem unvermeidlichen Dilemma entkäme das Bewusstsein bzw. die Erkenntnis nur, wenn sie eine Reise durch das Universum mache, durch ein Unendliches hindurch und in diesem zeitlosen, nicht-lokalen Raum, gleichzeitig Gott und Puppe, Materie und Geist, durch solch eine Auferstehung stelle sich Grazie wieder ein.

Aber um diesen, von allen menschlichen Mängeln und Missgriffen befreiten, übermenschlichen Geist-Körper zu erhalten, müssten wir wohl durch das Reich des Todes, damit das Bewusstsein, von seiner sterblichen Hülle befreit, sich im unendlichen Raum, wo alles möglich und unendlich ist, so erweitert – irgendwo – zu uns zurückfände.

Hier auf Erden aber ist Grazie – als Ausdruck der Vereinigung von Vernunft und Natürlichkeit, Geist und Materie – eine Utopie, verlegt an einen Nicht-Ort, *Utopia*, ein Nirgendsland.

Hieße das, dass die Menschen noch einmal vom Baum der Erkenntnis essen müssten, will der Fragende, nun wieder zerstreut, noch wissen.

Der Tänzer stimmt ihm zu, aber das sei »*das letzte Kapitel von der Geschichte der Welt.*«[24]

Denn die Bildung des Menschen, das Entstehen seines Selbst-Bewusstseins hätte durch diese Zeit- und Raumreise zurück zum Anfang nie stattgefunden.

*

Kleist befreite die Grazie von der Bindung an Moral und Ideal und gab sie, so gereinigt, der Natur – ihrer Urform als noch leblose Materie und ihrer höchsten Erscheinungs- und Gegenform, dem reinen Geist – zurück.

Sie ist für den Menschen verloren, wie das Paradies, es sei denn, er gerate in einen Zustand der Selbstvergessenheit, der Auflösung seiner dünnen Schutzschicht und erfahre so eine Durchdringung, eine die Materie auflösende und neu formende Durchströmung, die ihm die Augen öffne.

Da Grazie nur bei fast abwesendem oder unendlichem Bewusstsein klar hervortritt, was wir zumindest in der organischen nichtmenschlichen Natur – ungeziert – bewundern können, bleibt sie für uns ein dunkles Geheimnis, der Ausdruck einer unbewussten poetischen Empfindung.

Mit ihrem Erscheinen verhält es sich, wie Zarathustra vom Erscheinen des Schönen sprach:

> *»Unerringbar ist das Schöne allem heftigen Willen.*
> *…*
> *Wenn die Macht gnädig wird und herabkommt in's Sichtbare:*
> *Schönheit heiße ich solches Herabkommen.«*[25]

Anmerkungen und Literatur

1 siehe Anm. 3 (S. 126).

2 siehe Anm. 3 (S. 337).

3 Heinrich von Kleist: »Über das Marionettentheater« in »Sämtliche Werke und Briefe«, herausgegeben von Helmut Sembdner, München, 2008, S. 338–345.

4 Friedrich Schiller: »Über Anmut und Würde« in »Theoretische Schriften Zweiter Teil«, dtv-Gesamtausgabe, München, 1966, S. 16.

5 ebenda, vgl. S. 5–37.

6 vgl. Immanuel Kant: »Kritik der Urteilskraft«, § 45, Hamburg, 2009, S. 191–192.

7 siehe Anm. 4 (S. 35).

8 Gero von Wildert: »Sachwörterbuch der Literatur«, Stuttgart, 2001, S. 588.

9 Heinrich von Kleist: »Über die allmähliche Verfertigung der Gedanken beim Reden«, in siehe Anm. 3 (S. 319).

10 vgl. Aristoteles: »Poetik« (1451b–1452a), Stuttgart, 1982, S. 33.

11 siehe Anm. 3 (S. 339).

12 ebenda, S. 340.

13 ebenda, S. 340.

14 *»Man könnte die Menschen in zwei Klassen abteilen; in solche, die sich auf eine Metapher und 2) in solche, die sich auf eine Formel verstehn. Deren, die sich auf beides verstehn, sind zu wenige, sie machen keine Klasse aus.«* Heinrich von Kleist: »Fragmente 2«, siehe Anm. 3 (S. 338).

15 siehe Anm. 3 (S. 340).

16 ebenda, S. 341.

17 ebenda, S. 343.

18 ebenda, S. 343.

19 ebenda, S. 343.

20 ebenda, S. 345.

21 ebenda, S. 345.

22 ebenda, S. 345.

23 ebenda, S. 344.

24 ebenda, S. 345.

24 Friedrich Nietzsche: »Also sprach Zarathustra«, München, 2010, S. 119.

Yūgen
Die Schönheit des Unsichtbaren

»Spalte den Kirschbaum
und schau nach,
du findest keine Blüte.
Die Blüten erblühen
im (leeren) Frühlingshimmel.«
(Zen-Meister Ikkyū)[1]

Yūgen ist ein zentraler Begriff der japanischen Ästhetik mit weitreichender und vielschichtiger Bedeutung. Motokiyo *Zeami (1363 – 1443)[2]*, Meister und Theoretiker des Nō-Theaters, erwählte *Yūgen* zum höchsten ästhetischen Wert dieser vergeistigten Form japanischer Theaterkunst, der sich auf eine poetische Atmosphäre, die geheimnisvolle Anmut der symbolischen Gesten, beziehe.

> *»Yūgen bedeutet Anmut, Grazie, ein sanftes Gebaren, die lyrische*
> *Stimmung, das über Worte hinausreichende Gefühl.*
> *Sein Sinnbild ist ein weißer Vogel, der eine Blüte im Schnabel trägt.*
> *Yūgen ist – ebenso wie Hana, die Blüte – ein entscheidendes Attri-*
> *but des No; … Hana, die Blüte muss überraschend hervorbrechen,*
> *um den Zuschauer zu verzaubern; Yūgen, die Grazie, aber muss*
> *durchgehend da sein.«[3]*

Da die Stücke des Nō hauptsächlich vom Erscheinen der Geister Verstorbener oder von Dämonen handeln und die Elemente der Darstellung auf eine jenseitige Welt verweisen, bilden Begriffe wie *Yūgen* und *Hana (Blüte)* den metaphysischen Hintergrund des poetischen Ausdrucks. Deutlich wird dies bei der Betrachtung der Struktur des Wortes:

Yūgen ist ein Binom aus den Silben *yū-* und *-gen*.

Yū- »*bezeichnet normalerweise Schwachheit und Schattenhaftigkeit*«[4], eine Art verfeinerte Materialität, die eine »*Nicht-Stofflichkeit*«[5] andeutet, d. h., die Phänomene der wahrnehmbaren Welt verlieren an Körperlichkeit in dem Maße, wie sie an Transparenz gewinnen.

Im Gegensatz zu dieser Durchsichtigkeit bedeutet die zweite Silbe *-gen* »*Trübheit, Dunkelheit oder Schwärze*«[6], und zwar eine »*durch unergründliche Tiefe verursachte Dunkelheit*«[7], die eine für das normale Sehvermögen unerreichbare Sphäre der Undurchdringlichkeit bildet.

Beide Bestandteile, Diphanität und Opazität, bewegen sich in Richtung Unsichtbarkeit; sie zielen auf eine Entleerung des wahrnehmbaren Raumes, was nicht das Verschwinden, sondern eine Art negative Existenz bedeutet.

Es entsteht eine Atmosphäre des Unbeschreibbaren und Mysteriösen:

Die Phänomene, die wir betrachten, verlieren ihre Verankerung im Konkreten, die sie im Kontext unserer Verstandeserkenntnis normalerweise einnehmen – ihre determinierte Existenz –, und scheinen »*gleichsam in der Luft* (zu) *schweben und somit auf die Anwesenheit der ihnen zugrunde liegenden ursprünglichen nichtartikulierten Wirklichkeit*« (etwas, wofür es noch keinen Begriff gibt) »*hin*(zu)*weisen.*«[8]

Diese nichtartikulierte Wirklichkeit entspricht im japanischen Denken dem Nichts, *mu*, ihm wird »*der höchste metaphysische Wert zugeschrieben*«[9], ein positiver Wert, dessen Darstellung oder Erscheinen als Ideal vollkommener Reinheit – eine Schönheit unbefleckt vom Sein – angesehen wird.

Yūgen entspricht demnach einer Schönheit des Nichtfassbaren, des Geheimnisvollen und Sich-Entziehenden, einer Schönheit des Unsichtbaren, die jedoch durch die Transzendenz der wahrnehmbaren Welt erfahrbar wird und sich nicht als reine Idee verselbstständigt.

Das Widersprüchliche daran ist nicht aufzulösen.

»Yūgen, das Zart-Verborgene, das Schwebend-Edle, die nicht ausgesprochene, hintergründige Schönheit, alles das, was über das bloß Sicht- und Greifbare hinausgeht und doch das Sicht- und Greifbare entschieden bestimmt.«[10]

Dieser Begriff berührt die Ästhetik im weitesten Sinne oder in ihrer ursprünglichen Bedeutung als Wissenschaft der Wahrnehmung und infolge der des Schönen, d. h., er bezieht sich nicht in erster Linie auf Rezeption und Produktion von Kunstwerken, sondern erstrebt eine Verfeinerung der Wahrnehmung im Allgemeinen, mit dem Ziel, die Fähigkeit eines besonderen Gewahrwerdens der erfahrbaren Welt, der uns umgebenden Phänomene, zu entwickeln, damit diese vor unseren Augen in jene poetische Atmosphäre des Schwebenden und Mysteriösen hinübergleiten, eine Verwandlung, die ihre materielle Existenz als Naturphänomene, Wesen oder Gegenstände nicht gänzlich aufhebt, aber in der Schwebe hält, auf den metaphysischen Hintergrund ihrer Erscheinung verweisend.

Deshalb ist die ästhetische Bedeutung des Begriffs *Yūgen* nur ein Aspekt seiner Komplexität.

Mit der Ausrichtung auf Transzendenz, dem Überschreiten des Sichtbaren, erstrebt der Betrachter nicht nur eine Entgrenzung seiner Wahrnehmungs- und Erkenntnisfähigkeit, in diesem Akt kontemplativer Versenkung ins Außen überwindet er die starre Subjekt-Objekt-Aufstellung und wird selbst ein Teil der Wahrnehmungssituation; er öffnet den Bereich seines eigenen Dunkels, die formlose unbegrenzte Tiefe seines Unbewussten für die Phänomene der äußeren Welt, und zwar wiederum für deren nicht sichtbaren unbestimmten Hintergrund.

Diese Situation gegenseitiger Berührung des *Nicht-Artikulierten* gleicht in etwa der *»Gleichschwebenden Aufmerksamkeit«*[11], mittels der der Psychoanalytiker das unbewusste Material seiner Klienten aufnimmt, und wird am treffendsten mit dem Ausdruck des *»kontemplativen Gewahrwerdens«*[12] umschrieben.

Das kontemplative Gewahrwerden
oder
die Transzendenz des Augenblicks

Kontemplation, die anschauende Versenkung zur »*Erschließung über-sinnlicher Wirklichkeitsstufen*«[13] dient in der christlichen Mystik der Abkehr von der sinnlichen Welt, um allein das Göttliche zu schauen.

Durch die Versenkung ins Innerste soll das Äußerste – das Jenseitige – angeschaut werden.

Erstrebt wird die Auflösung des eigenen Bewusstseins in Gott, in einer mystischen Vereinigung, der *unio mystica*. Diese Form der Kontemplation entspricht nicht, oder nur in einigen Punkten, der des kontemplativen Gewahrwerdens. Hier ist der Blick von innen her nach außen gerichtet, auf die Phänomene der sichtbaren Welt.

Während dieses Vorgangs wird das erweiterte Blickfeld auf das nicht erfassbare Ganze, den metaphysischen Hintergrund der Erscheinungen, dessen höchster Wert, die höchste Kategorie dieser metaphysischen Sphäre »*mu*«[14], das Nichts – eine Art erfüllter Leere – als letzte Form des Sinneseindrucks angestrebt.

In *Toshihikos* und *Toyo Izutsus* »*Die Theorie des Schönen in Japan*« wird dieser Prozess kontemplativer Erfahrung und Ausbildung des Gewahrwerdens, das schließlich in ein metaphysisches Gewahrwerden des Nichts mündet, als ein Vorgang in vier Hauptstufen beschrieben, dessen Schilderung ich hier zusammenfassend wiedergebe.

Auf der ersten Stufe entwickelt sich aus der gewöhnlichen Fokussierung des Blicks auf einen Gegenstand, einen Punkt der sichtbaren Welt, das Gewahrenden eines assoziativen Bedeutungsfeldes. Dies ist der Beginn einer Verwandlung: Der Blick verlässt die starre Subjekt-Objekt-Konstellation, er beginnt sich zu zerstreuen und auszuweiten und nimmt so nicht nur die Einzelphänomene, die aber auf dieser Stufe klar erkennbar sind, sondern vor allem deren Verknüpfungen untereinander wahr, ein »*gewaltiges Assoziations-Netzwerk*«[15] entsteht, durch dessen Dynamik der Betrachter in den Vorgang des Gewahrwerdens mit einbezogen wird.

Sein Blickfeld wie sein Erkenntnishorizont haben sich verändert.

Auf der zweiten Stufe lösen sich Farben und Formen des Angeschauten langsam auf, das Feld und sein Gewahrenden verschmelzen miteinander und ergeben »*das reine kontemplative Gewahrenden*«[16], eine völlig bildlose Leere, ein Bild vollendeter Harmonie.

Erreicht man die dritte Stufe, verschwindet auch das kontemplative Gewahrenden selbst, es verbleibt nur eine Art negativer Existenz in Form eines dunklen Flecks, der das Licht inmitten eines unbegrenzten Feldes, »*das sich selbst beleuchtet*«[17], nicht reflektiert.

Im Übergang von der zweiten zur dritten Stufe wandelt sich das Sichtbare »*allmählich in ein Bild unergründlicher Tiefe*«[18] und auf der vierten Stufe fällt alles, was jemals mit einer bestimmten erkennbaren Form bezeichnet wurde, »*in die Tiefen der Dunkelheit der Nacht.*«[19]

An dieser Stelle ergibt sich das Paradox, dass diese absolute Finsternis der Tiefe sich »*selbst plötzlich in grenzenlos strahlendes Licht verwandelt.*«[20]

Mit dieser Läuterung des Blicks, dem Wahrnehmen des Formlosen, des Nichts, ist das Ideal des metaphysischen Gewahrwerdens, das Ziel aller kontemplativen Erfahrung erreicht. Dieser Prozess geht idealerweise jeder künstlerischen Produktion voraus, der schöpferische Akt bildet sich innerhalb der beschriebenen Situation und beginnt »*in der Dimension der inneren Erfahrung*« und ist »*bereits vollendet …, noch bevor der äußere Akt des künstlerischen Schaffens überhaupt stattzufinden beginnt.*«[21]

Das Konzept der vier Stufen entspricht in etwa der Struktur des Begriffs Yūgen und schildert, vereinfacht gesehen, den Übergang vom schattenhaft Schwebenden zur tiefsten Dunkelheit, die sich am Ende offenbart als erleuchtete Finsternis, als erfüllte Leere des Nichts, in der Inneres und Äußeres zusammenfließt zu einem Sein, indem sich Sinnliches und Metaphysisches vereint.[22]

Da in dieser Arbeit das Erscheinen von Grazie beim Betrachten von Naturphänomenen im Mittelpunkt stehen soll, möchte ich hier noch etwas zur Bedeutung der kontemplativen Naturbetrachtung für die japanische Ästhetik anfügen, deren starke Präsenz in Literatur, bildender und darstellender Kunst ein wesentliches Element von symbolischer und poetischer Ausdruckskraft darstellt.

Es zeigt sich dabei eine außerordentliche Vorliebe für das Detail, das Fragmentarische oder nur Angedeutete wie für das Verborgene, Geheimnisvolle und Bizarre und für das von Vergänglichkeit Bedrohte.

Die in die Leere gesetzte Form zeigt gleichzeitig das Momenthafte wie das Wesentliche und Unvergängliche einer Erscheinung. Die Leere ist so perfekt gestaltet, dass Stille sichtbar wird:

Ein einzelner Kirschblütenzweig im Schnee, vom Nebel verhüllte Berggipfel, ein mit Moos bedeckter Stein oder der sich im Wasser spiegelnde Mond, ob als Tuschmalerei, in Form eines Gedichts oder durch eine symbolische Geste angedeutet, immer gehen diese Darstellungen aus der Entwicklung des kontemplativen Gewahrwerdens hervor.

Das auslösende Moment ist die Gestimmtheit des Betrachters, die ihn dazu veranlasst, sich in den Anblick eines Naturphänomens – und sei es nur ein einzelnes Blatt – zu versenken.

»Die dann empfundene Einheit mit dem Gegenstand der Natur ist umso tiefer, je gedankenloser sie ist, je weniger sie vom Intellekt belastet ist.«[23]

Denn innerhalb des Prozesses des kontemplativen Gewahrwerdens, im Bereich der Lösung von den determinierten Formen und Bedeutungen, werden auch die Grenzen des subjektiven Erkenntnisvermögens überschritten.

Das Momenthafte und Vergängliche – der Zauber des Augenblicks – in den das Subjekt eintaucht, löst es aus dem Bereich des linearen kausalen Denkens, es öffnet sich für die Weite des assoziativen Feldes und betritt selbst diesen Beziehungsraum, in dem es sich aus der starren Haltung des Erkenntnissubjekts befreit.

Hinter der Fülle der Formen und Farben ist der Blick stets auf die Leere – das Nichts als höchster metaphysischer Wert – gerichtet und vermag so im Einzelnen und Flüchtigen den Schimmer des Unendlichen wahrzunehmen.

> *»Was ist das Leben anderes als der Laut eines Augenblicks, der die Stille durchbricht, jenes unaussprechliche Schweigen, das immer war und immer sein wird und das den Lärm der vergänglichen Welt unhörbar und doch vernehmbar übertönt.«*[24]

Die kontemplative, poetische Naturbetrachtung geht den Weg einer intuitiven, sinnlich-geistigen Erkenntnis: Aus der Dunkelheit der Tiefe des Unbewussten sucht der Betrachter das Unsichtbare im Sichtbaren zu schauen, indem er sich in den Anblick eines Naturphänomens vertieft, das auf seine innere Gestimmtheit antwortet. Durch ein äußeres Ereignis oder einen Gegenstand angesprochen, kommt es zu einer Projektion des Inneren, den noch ungeformten Anteilen der inneren Gefühls- und Geisteswelt, die sich in der sinnlich wahrnehmbaren Welt – durch das kontemplative Gewahrwerden – visualisieren. In dieser äußeren Erscheinung kann der Betrachter *»seinem eigenen inneren SELBST«*[25] begegnen.

Um es noch einmal deutlich zu sagen: Es handelt sich hier nicht um Selbstbespiegelung, vielmehr bedeutet die Begegnung zwischen den unbewussten Anteilen des eigenen inneren Selbst mit den Ereignissen und Gegenständen der äußeren Welt, die gerade im Begriff sind, ihr gegenständiges Sein – ihren Objektcharakter – zu verlieren, die Auflösung des Subjekts, seine Vereinigung mit dem Naturphänomen im Vorgang des kontemplativen Gewahrwerdens.

In diesem Bereich, in dem Yūgen erscheinen und empfunden werden kann, handelt es sich um nichts Geringeres als um das *»Gewahrwerden des Seins«*[26], das gleichzeitig das Nichts bedeutet.

Gerade um der Begrenztheit menschlicher Existenz zu entkommen, strebt der Künstler das Unmögliche an: die Überschreitung seines Erkenntnisbereichs durch die Transzendenz des Sichtbaren. So entstehen melancholische Betrachtungen einer metaphysisch gestimmten Geisteshaltung, die nicht nur der Lyrik, sondern auch der Prosa japanischer Künstler einen ganz eigenen Klang verleihen. Die Beschreibung eines solchen Moments erfolgt in präzis gezeichneten poetischen Bildern, die es dem Leser erlauben, die seelische Gestimmtheit des Erzählenden und die Transzendenz der Erscheinung selbst nachzuempfinden.

Abschließend und als Veranschaulichung zu dem Gesagten zwei Textstellen aus *Yasunari Kawabatas* Erzählung »*Schneeland*«, deren erster Satz in der mir vorliegenden Übersetzung mit dem Wort *jenseits* beginnt:

> »*Jenseits des langen Tunnels erschien das Schneeland.*
> *Der Nacht Tiefe wurde weiß.*«[27]

Der Reisende, der mit dem Zug durch die Nacht und durch das Schneeland fährt, erblickt im Fenster die Spiegelungen des Abteils und seiner Mitreisenden, die sich mit dem sichtbaren Rest der äußeren Landschaft vermischen. Auch wenn es sich dabei nicht um eine reine Naturbetrachtung handelt, sondern um sich überlagernde Bilder des sich spiegelnden Gesichts einer Mitreisenden und der draußen vorbeifliegenden Landschaft, so zeigt sich doch – in diesen Überschneidungen zwischen Außen und Innen, der zunehmenden Durchsichtigkeit und Entmaterialisierung des Gegenständlichen und dessen Auflösung im Beziehungsfeld des auf das Unsichtbare gerichteten Blicks – der Vorgang des kontemplativen Gewahrwerdens in höchster künstlerischer Ausdrucksform beschrieben:

> »*Auf dem Grund des Spiegels zog die Abendlandschaft vorbei.*
> *Die gespiegelten Gegenstände und die spiegelnde Fläche bewegten sich dabei wie aufeinanderliegende Schichten zweier*

Filme: die auftretenden Personen und der Hintergrund standen
in keiner Beziehung zueinander.
Aber durch die fragile Transparenz der Personen und das un-
deutlich vorbeifließende Dämmrige in der Abendlandschaft ver-
schmolzen beide Ebenen zu einer symbolischen Welt, die nicht
von dieser war. Besonders dann, wenn ein Licht von den Hügeln
und Feldern für einen Moment mitten im Gesicht der jungen
Frau verharrte … bewegten sich ohne Halt die Formen der
Landschaft. Daher erweckte das Gesicht der jungen Frau den
Eindruck, unsichtbar zu sein.«[28]

Anmerkungen und Literatur

1 Zen-Meister Ikkyū (1394–1481) zugeschrieben, zitiert in Toshihiko und Toyo Izutsu: »Die Theorie des Schönen in Japan«, übersetzt von Franziska Ehmcke, Köln, 1988, S. 149.

2 siehe Anm. 1 (S. 131–132).

3 Ezra Pond, Ernest Fenollosa, Serge Eisenstein: »Nō – Vom Genius Japans«, hg. Eva Hesse, übersetzt von Wieland Schmied, Zürich, 1963, S. 40 (Anm. 19).

4 siehe Anm. 1 (S. 42).

5 ebenda.

6 ebenda.

7 ebenda.

8 ebenda.

9 ebenda, S. 49.

10 Hans Schwalbe: »Japan«, München, 1989, S. 310.

11 J. Laplanche, J.-B. Pontalis: »Das Vokabular der Psychoanalyse«, Frankfurt/M., 1973, S. 169 ff.

12 Diesen Begriff wie den des Feldes habe ich innerhalb dieser Darlegung von den Autoren Toshihiko und Toyo Izutsu übernommen.

13 »Philosophisches Wörterbuch«, bearb. von Georgi Schischkoff, 1978, Stuttgart, S. 471.

14 siehe Anm. 1 (S. 48).

15 ebenda, S. 51.

16 ebenda.

17 ebenda, S. 52.

18 ebenda.

19 ebenda.

20 ebenda.

21 ebenda, S. 53.

22 siehe Anm. 1, vgl. S. 41–53.

23 siehe Anm. 10 (S. 42).

24 ebenda, S. 43.

25 siehe Anm. 1 (S. 35).

26 ebenda, S. 43.

27 Yasunari Kawabata: »Schneeland«, übersetzt von Tobias Cheung, Frankfurt/M., 1999, S. 9.

28 ebenda, S. 14.

Gift
Substanz und Metapher

»Le Poison«

(…)
»Tout cela ne vaut pas le poison qui découle
De tes yeux, de tes yeux verts,
Lacs où mon âme tremble este voit à l envers …
Mes songes viennent en foule
Pour se désaltérer à ces gouffres amers.«
(Charles Baudelaire, »Les Fleurs du Mal«, 1857)

Gift
Eine zwiespältige Gabe

»Dosis sola fecit venenum«
(Paracelsus 1538)

Gift ist ein besonderer Stoff.
Wie Grazie bezeichnet das Wort Gift etwas, was sich einer eindeutigen Definition entzieht bzw. jeder Definitionsversuch relativiert sogleich das Gesagte, denn Gift ist nicht gleich Gift.
Im klinischen Wörterbuch »Pschyrembel« findet man an dieser Stelle das unverzichtbare Zitat des Paracelsus:

> *»Alle Dinge sind Gift und nichts ohne Gift, allein die Dosis macht, dass ein Ding kein Gift ist.«*[1]

In der medizinischen Sprache unserer Zeit heißt das: Gifte sind *»Stoffe, die in einer bestimmten Dosis durch ihre chemischen o. physikalischen Eigenschaften toxische Wirkungen, unter Umständen den Tod, herbeiführen können.«*[2]
Relativiert wird immer, und diese relative Unbestimmtheit umgibt den Begriff mit einer Aura des Schillernden und Geheimnisvollen. Die Ambivalenz gehört zum Wesen des Giftes, worauf die ursprüngliche Bedeutung des Wortes verweist: mhd. und ahd. bedeutet es Gabe, Übergabe, das Geben oder das Gegebene, was noch im englischen Wort *gift* (Geschenk) und im deutschen Wort Mitgift enthalten ist (verwiesen sei an dieser Stelle auch auf das vergiftete Geschenk – Wiederkehr des Apfels – als eine verhängnisvolle Kombination beider Bedeutungen), andererseits auch eine durch höhere Mächte verliehene Gabe:

»geschenk der göttlichen gnade, geistliche gabe, gratiam gipht (ahd.) …«
»denn das ist gottes wahre Gift,
wenn die blüte zur blüte trifft …
(Goethe)« [3]

Gabe bedeutet aber auch Dosis, die genau bestimmte Abgabe, von der es abhängt, ob ein Wirkstoff ein Gift ist oder keines. Die moderne medizinische Bezeichnung dafür heißt: Dosis / Wirkungsbeziehung.
Paracelsus hat es bündig formuliert, wie sehr das, was ein Gift sein soll, auf die Dosierung angewiesen ist, und verweist schon damit auf den fließenden Übergang zwischen einer heilenden und einer schädlichen Substanz.
Für ihn war diese Aussage eine Apologie seiner Heilmethode, in der er altes Pflanzenwissen über Heil- und Giftwirkungen wieder aufnahm und durch eigene Erfahrungen ergänzte.
Das Doppelgesichtige gehört ebenso zum Wesen der Arznei wie zu dem des Giftes. Dazu liest man im Grimmschen Wörterbuch:

»zwischen gift und arzneimittel ist es schwer eine genaue grenzlinie
zu ziehen, da arznei bald als gift und gift als arznei wirken kann.
LIEBIG Handbuch der Chemie (1843); daher auch im sprichwort:
gift wird mit gift vertrieben …« [4]

Das römische Wort *»venenum ist wie das griechische pharmakon eine Vox media, oft qualifiziert durch ein beigesetztes Adjektiv (bonum / malum).«* [5]

Die Dosis ist jedoch nicht der einzige Faktor, der eine Giftwirkung beeinflusst.
Eine Vergiftung ist eine Beziehungstat, ein Ereignis zwischen dem Wirkstoff und dem aufnehmenden Organismus.
Nach den Autoren Karlheinz Lohs und Dieter Martinetz laute die richtige Fragestellung nach dem Wesen des Giftes:

»Unter welchen Umständen wird ein Stoff zum Gift?«[6]

Beteiligt am Wirkungsverlauf ist einmal der Stoff mit seinen spezifischen Eigenschaften, z. B. seiner Löslichkeit in Wasser oder Blut, dazu kommen Dosierungs- und Applikationsart (wie wird der Stoff aufgenommen) und schließlich die Konstitution des Konsumenten im Augenblick der Stoffaufnahme, die individuelle Empfindlichkeit und Empfänglichkeit des Stoffwechsels. Zu diesem Zusammenspiel zweier organischer Wesenheiten (Ausnahme: anorganische Wirkstoffe) tritt noch der Faktor Zeit hinzu: Tages- und Jahreszeit, Mondphasen und andere periodische Abläufe oder Rhythmen beeinflussen Stoffe und Stoffwechsel; auch gibt es neben dem akuten noch den chronischen Verlauf einer Giftwirkung. Wie beim Heilvorgang benötigen bestimmte Mengen oder Konzentrationen bestimmte Zeiträume.

All das beeinflusst das Verhältnis zwischen Gift und Mensch:

> *»Es ist sicher, dass das gleiche Gift in gleicher Menge verschiedenen Personen von verschiedener Veranlagung beigebracht, die einen in einer Stunde, die anderen in vier, noch andere in einem Tag töten und gewisse Menschen kaum berühren wird.«*[7]

Der Mensch zog von jeher vielfältigen Nutzen aus diesen zwiespältigen Gaben der Natur und hat sich früh darum bemüht, das Geheimnis dieser rätselhaften Substanzen zu ergründen und sich der damit verbundenen Macht zu bedienen.

Zauber, Orakel, Trance, Todesurteil und Mord sind nur die wichtigsten Stichworte zu diesem Phänomen, das den Menschen seit mythischer Zeit an begleitet, und die Schicksale, über die uns die Mythen, Epen, Tragödien und die Historie berichten, erzählen von der Gier nach Macht, von Angst und Wahnsinn, aber auch von dem Begehren nach Erkenntnis oder noch mehr von dem Wunsch, die Grenzen des menschlichen Erkenntnisvermögens zu überschreiten, um mit der metaphysischen Welt, den Ahnen, Geistern und Göttern zu kommunizieren.

An heiligen Orten opferte der Mensch und bat um Teilhabe an der Hellsichtigkeit der Götter.

Pythia, die Priesterin des dem Gott Apollon geweihten Orakels zu Delphi, die das Unterweltungeheuer Python, Verkörperung zerstörerischer Naturkräfte, abgelöst hatte, prophezeite vielleicht mithilfe der Dämpfe des Bilsenkrautes.

> *»Die Pflanze galt als Phantasie- oder Tollkraut. Sie hieß im Altertum Apollinaris nach Apollo, dem Gott der Wahrsagerei.«*[8]

Die Anwendung des Giftes zum Schlechten, vor allem in seiner Funktion als hinterhältige und feige – weil fernwirkende – Waffe ist immer umgeben von einer Atmosphäre dunkler, im Verborgenen wirkender Mächte, die ihre zerstörende Kraft unbemerkt entfalten, wie es beim Königsmord in Shakespeares *»Hamlet«* geschieht:

> *»Du schnöder Trank, aus mitternächt'gem Kraut,*
> *Dreimal vom Fluche Hekates betaut!*
> *Daß sich dein Zauber, deine grause Schärfe*
> *Sogleich auf dies gesunde Leben werfe!«*
> *(Hamlet III, 2)*[9]

Vor den Zeiten der forensischen Pathologie war der Giftmord das Mittel erster Wahl, um Macht- und andere Verhältnisse zu verändern und wurde teilweise sogar toleriert. Aber auch mit dem wachsenden Risiko, entdeckt zu werden, verlor diese Form des tückischen und im Dunkeln sich vollziehenden Tötens nicht an Attraktivität.

Aus diesem Blickwinkel ist Gift eher ein *»soziologischer Begriff«*[10], denn der Mensch allein entscheidet.

Die Versuchungen des Begehrens nach Macht, ganz gleich, ob in Form von Liebe, Geld, Einfluss oder Wissen, und das ethische Problem, ständig selbst entscheiden zu müssen, ob ich mich zum Guten oder Bösen hin verhalte, die Wahlfreiheit zu haben, gehören zum Wesen des Menschen:

> »Ich glaube daran, dass die Summe aller ethischen und unethischen Betätigungen in der Welt sich in allen Zeiten gleich bleibt. So wie materiell nichts verloren gehen kann, so bleibt auch das der Materie zugehörende, aus ihr emanierende Immaterielle, die energetische Äußerung, in ihrer Gesamtsumme konstant, weil Moral und Unmoral, ethisches Empfinden und das Gegenteil, so zum Menschen gehören wie Schönheit und Hässlichkeit … wie Verstand und Unverstand, wie Gesundheit und Krankheit. Die seelischen Betätigungen nach Gut und Böse hin wechseln nur ihre Gestalt, von der Zeiten Färbung beeinflusst.«[11]

Interessant ist in diesem Zusammenhang auch die Herkunft oder Ableitung des Begriffs der *Toxikologie* (Lehre von den Giften).
Zugrunde liegt ihm das griechische Wort *toxikon* mit der Bedeutung Pfeilgift, bzw. *toxon* = Bogen und Pfeil.
Pfeil und Bogen gehören zu den ältesten Waffen und die Kunst der Vergiftung der Pfeile ist sicher so alt wie die Jagd selbst. Das bekannteste Pfeilgift dabei ist sicherlich Kurare, das Pfeilgift südamerikanischer Indianer. Im Altertum benutzten die Skythen »*verfaultes Menschenblut oder einen Auszug halbverwester Schlangen.*«[12]
Selbst die Pfeile des griechischen Gottes Apollon waren giftig. Sie übertrugen die Pest (Toxine) oder verursachten, wie die seiner Schwester Artemis, den schnellen Tod, konnten aber auch heilen, schließlich war Apollon der Vater des Asklepios, des Gottes der Heilkraft, um dessen Stab sich zwei Schlangen winden.
Wer denkt hier nicht zugleich an die Liebespfeile des Amor, dem Begleiter der Venus?
Der Pfeil ist die Verbindung zwischen Gift und Liebe, Liebe und Tod, wie das Gift – als Liebestrank der anderen Art – die Lösung ist, wenn als Höhepunkt der Liebe nur der Tod bleibt, oder wenn diese unerwidert leiden lässt. Denn die Liebe ist kontrapunktisch wie das Gift:

»vielfach wirken die pfeile des amor:
einige ritzen,
und von schleichenden gift
kranket auf jahre das herz«
(Goethe)[13]

Hier treffen sich schon Substanz und Metapher und in beiden herrscht Doppeldeutigkeit und ein schwankendes Wesen.

Gift ist mehr als nur ein Stoff, es bezeichnet vielmehr eine Energie, eine Wirkkraft, die den Stoff in seiner ewigen Verwandlung, in seinem Drang nach Auflösung und Neugestaltung unterstützt und somit der Materie zu immer wieder neuer Formung verhilft.

»So ist das Gift das, was an diesen Stoffen sich vollzieht und nicht der Stoff selber. Gift ist ein Gesetz der Natur, unveränderlich, unvergänglich. Es wird nie ohne Stoff da sein, denn beides, Gift und Substanz, stammen aus gleicher Tiefe.

. . .

Gift ist ein Teil des Weltplans, immateriell, aber stets nur wirkend im Materiellen. Gift ist der Name für ein wirkendes Prinzip.«[14]

*

Giftpflanzen
Ein Geschenk der Götter?

Pflanze und Mensch – eine weitreichende Beziehung

»Ich bin alles, was war, was ist und was sein wird … kein Sterblicher hat je erfahren, was unter meinem Schleier sich verbirgt.«[15]

Isis – der ägyptischen Mutter- und Fruchtbarkeitsgöttin mit den 10 000 Namen, der großen Heilerin und Zauberin, ist diese Inschrift gewidmet.

Im Mythos von Isis und Osiris sind die Geheimnisse der Natur, des ewigen Kreislaufs von Werden und Vergehen in der Geschichte von Tod und Wiedergeburt des Osiris enthalten:

In einer älteren Version wird Osiris selbst zur Personifikation der Fruchtbarkeit. Er erleidet den Tod im Wasser und seine Energie befruchtet die Erde und lässt die Pflanzen sprießen. Eine spätere Variante dieser Erzählung berichtet, wie Osiris von seinem Bruder Seth ermordet und zerstückelt wird und wie Isis, die seine Teile zusammensucht, ihn durch ihre Heil- und Zauberkräfte zum Leben wiedererweckt. So werden sie zu Göttern der Mysterien des Lebens, des Todes und der Wiedergeburt, deren symbolische Funktionen in der griechischen Mythologie dann von Demeter und ihrer Tochter Persephone übernommen werden.

Zu den Beiwörtern, die sich auf Isis beziehen, gehören folgende: *»Schöpferin des Grüns … Herrin der Fülle …«* Auch die Griechen hatten von Isis die Vorstellung einer Korngöttin, denn sie setzten sie der Demeter gleich. In einem griechischen Epigramm wird sie als diejenige bezeichnet, *»die die Früchte der Erde geboren hat und als die Mutter der Kornähren.«*[16]

Die göttliche Herkunft der Pflanzen und die ihnen damit erbrachte Ehrerbietung durch die großen Kulturen der Alten Welt resultiert aus der Abhängigkeit des Menschen von der ewigen Wiederkehr der grünen Fülle.

Die Pflanzen liefern, abgesehen vom Sauerstoff, unser täglich Brot, sie sind die Voraussetzung unserer und der Tiere Existenz hier auf Erden. Die Pflanze selbst aber ist autotroph, sie besitzt die Fähigkeit, Stoffe und Energien aus dem Erdreich und aus der Luft zu assimilieren.

> »Ein Prozess von höchster Symbolik und – jenseits aller exakten Biologie, die das »Photosynthese« nennt – von geradezu mystischer Qualität.«[17]

Dieser Energie- und Substanztransfer zwischen Himmel und Erde, Ober- und Unterwelt bildet den Kern des Symbols universaler Verbundenheit, insbesondere in der Gestalt des Baumes, des Zentrums, der Weltachse, und so wurde die Pflanze zu einem Medium zwischen dem Reich der Toten und dem der Unsterblichen. Über sie wurde die Kontaktaufnahme zu den jenseitigen Bereichen und der damit verbundenen Erweiterung des Bewusstseins möglich.

Aber nicht nur als Grundnahrung und sakrales Symbol in Ritus und Kultus wurde die Pflanze unabdingbar für den Menschen, er entdeckte sehr bald ihre verborgenen Wirkkräfte – heilend und zerstörend – und entwickelte die Kunst ihrer Anwendung.

Aus den *Papyri* der alten Ägypter wissen wir von der Bedeutung und der Berühmtheit der ägyptischen Heil- und Pflanzenkunde in der Alten Welt.

Benachbarte Völker wie die Hethiter fragten dort um Rat, baten um Rezepturen oder Mittel, und die griechische Kultur, die der ägyptischen so viel verdankt, zollte ihnen Respekt, wie Homer in seiner *Odyssee*, wenn die weit gereiste Helena ihren Gästen ein Mittel gegen den Kummer überreicht:

»Aber ein Neues ersann die liebliche Tochter Kronios:
Siehe, sie warf in den Wein, wovon sie tranken ein Mittel
Gegen Kummer und Groll und aller Leiden Gedächtnis.
…
Welche Helenen einst die Gemahlin Tons, Polydamna,
in Aigyptos geschenkt. Dort bringt die fruchtbare Erde
Mancherlei Säfte hervor, zu guter und schädlicher Mischung;
dort ist jeder ein Arzt und übertrifft an Erfahrung alle Menschen.«
(Homer, Odyssee, Vierter Gesang, 219 – 232)[18]

Auch die Völker des Zweistromlandes verewigten die Bedeutung der
Pflanzen in ihren Mythen. Im babylonischen *Gilgamesh* sucht der Held
nach dem Kraut der Unsterblichkeit, einer Pflanze auf dem Grunde des
Meeres, die er sich am Ende von einer Schlange stehlen lässt.
Daraus wurde das Motiv der Frucht vom Baum des Lebens, das, ähnlich wie das Wasser des Lebens, auf etwas grundlegend Lebenserhal-
tendes verweist, welches der Mensch durch Edelmut, Tapferkeit und
Respekt vor der Natur und den Göttern erwerben kann. Es beschert
ihm ein langes Leben in Gesundheit, aber nicht die Unsterblichkeit,
die bleibt den Göttern vorbehalten.

∗

Metapher und Symbol wurzeln im Konkreten, im Sichtbaren.
Die äußere Erscheinung der Pflanzen, ihr ästhetischer Reiz: die Blütenpracht, die Vielfältigkeit ihrer Formen und Farben, das Erhabene großer
und alter Bäume, all das wurde nicht nur zu Mustern und Vorbildern
einer in fast allen Kulturen nachweisbaren Mimesis und Quelle künstlerischer Inspiration, schon am Anfang des Übergangs zwischen Natur
und Kultur – der Bildungsgeschichte des Menschen – glaubte man, dass
ihr äußeres Erscheinungsbild für den Menschen Botschaften und Zeichen enthielte, die auf ihre unsichtbaren Wirkkräfte und Energien hin-
deuteten, und das die Erscheinungsformen der Organe von Pflanze und
Mensch auf *»sympathetische Weise miteinander verbunden«*[19] wären.

51

Aus dieser ästhetischen Wissenschaft, gebildet aus Erfahrung und symbolischem Denken, entwickelte sich die *Sympathie- und Signaturenlehre*, die – oft verschrien – doch vieles enthält, was durch sogenannte exakte wissenschaftliche Verfahren bestätigt wurde.

Aktuell sucht man in den letzten verbliebenen Teilen tropischer Wälder nach noch nicht entdeckten heilenden Pflanzen gegen Krankheiten, die unsere hoch entwickelte Medizin, für die die Sterblichkeit des Menschen eine Beleidigung zu sein scheint, nicht in den Griff bekommt.

Die vergebliche Suche nach dem Kraut der Unsterblichkeit geht weiter.

∗

Das Wunder des Wachstums der Pflanzen, die Beobachtung der alljährlichen Inszenierung von Tod und Auferstehung, wurde nicht nur zum Urbild einer zyklischen Zeitvorstellung, die Form und Symbolik der Mythen und Riten bestimmt und zum Wesen des Heiligen gehört, es gehört auch zu den grundlegenden Motiven der bildenden Kunst und einer poetischen Wissenschaft mit interdisziplinärem Weitblick, wie sie Goethes Vorstellung einer *Urpflanze* zeigt, die Idee eines allen Lebendigen zugrunde liegenden Prinzips:

> »Die Urpflanze wird das wunderlichste Geschöpf von der Welt, über welches mich die Natur selbst beneiden soll. Mit diesem Modell und dem Schlüssel dazu kann man alsdann noch Pflanzen ins Unendliche erfinden, die konsequent sein müssen, das heißt, wenn sie nicht existieren, doch existieren könnten, und nicht etwa malerische oder dichterische Schatten und Scheine sind, sondern eine innerliche Wahrheit und Notwendigkeit haben … Dasselbe Gesetz wird sich auch auf alles übrige Lebendige anwenden lassen.«[20]

Das Prinzip heißt *Metamorphose*: das Gesetz der ewigen *Gestaltung – Umgestaltung* und der Erkenntnis, dass keine Materie verloren geht, dass alles wiederkehrt, sich immer wieder in neuer Form verwirklicht.

*

Die Pflanze als Idee, als das Urbild des Formwillens alles Lebendigen verdankt diese Bedeutung ihrer äußeren Erscheinung und der Ambivalenz ihres Wesens: ihrer Verwurzelung im Erdinnern, im Reich des Todes, und ihrer Ausrichtung zur Sphäre der Götter, und so verfügen auch die möglichen Wirkstoffe der Pflanzen über die Polarität zwischen Leben und Tod.

Eine der ersten Pflanzen im biblischen Mythos des Anfangs ist ein Baum, ein zweigeteilter Baum mit einer gemeinsamen Wurzel: der Baum des Lebens und der Baum der Erkenntnis (und des Todes), und Letzterer ist es, dessen Früchte verboten sind, um genau zu sein, ist es das Essen der Früchte: die Einverleibung einer Macht, die das Bewusstsein ausbildet, indem sie es erweitert.

Verbunden mit dem Essen der Früchte vom Baum des Lebens – der Unsterblichkeit – bedeutet dies, ein göttliches Sein zu erlangen. So ist dieser Ungehorsam Ausdruck eines prometheischen Übermuts, des ersten Aufbegehrens und Willens zur Selbstbestimmung, selbst zu wissen, was Gut und Böse ist, und er gehört fortan zum Wesen des Menschen wie seine Sterblichkeit.

Das Bewusstsein, verbunden mit der Einsicht in seine Unvollkommenheit, dass es nie ein unendliches sein kann, aber auch die Vision eines göttlichen, unendlichen Bewusstseins, verdankt der Mensch vielleicht einer Pflanze, einer Zauberfrucht, die ihm *die Augen auftat,* damit er erkenne, dass er nackt ist.

Das Geheimnis der Substanzen

»Kein Sterblicher, sprach des Orakels Mund,
rückt diesen Schleier, bis ich selbst ihn hebe,
Doch setzte nicht der selbe Mund hinzu:
Wer diesen Schleier hebt, soll Wahrheit schauen?
»Sei hinter ihm, was will! Ich heb ihn auf«.

…

Besinnungslos und bleich,
So fanden ihn am andern Tag die Priester«
(Friedrich Schiller, »Das verschleierte Bild zu Sais«[21])

Der Erkenntnisdrang, die Sehnsucht nach dem nur den Göttern zukommenden Wissen, dem Schauen der Wahrheit, ermutigte den Zauberlehrling zu dieser riskanten Tat. Aber was löste den Schrecken aus, der ihm die Besinnung raubte, ein Grauen, von dem er sich nicht wieder erholte:

»Ihn riß ein früher Gram zum frischen Grabe.«[22]

Das Gedicht verrät es uns nicht, deutlich wird jedoch die Mahnung, dass das Wissen um die Geheimnisse des Lebens, um die großen Polaritäten von Leben und Tod, die Antwort auf die Fragen: Woher kommen wir, wohin gehen wir und was ist der Grund unseres Hierseins, nicht mit der Gewalt einer rücksichtslosen Entheiligung, dem Lüften des Schleiers, zu erzwingen ist.

Die so enthüllte Wahrheit wäre für den Menschen so ungeheuerlich, so unfassbar, *eine Überdosis*, und somit tödlich.

Verborgenes soll verborgen bleiben, bis die Natur selbst den Schleier hebt.

Das ist die Botschaft der Göttin.

Die Ursachen von Leben und Tod oder, warum es überhaupt Seiendes gibt und nicht nichts, wird sich uns nie vollkommen offenbaren, da wir normalen Sterblichen weder das Reich der Götter noch das der Toten besuchen können.

Wir erhalten keine Erlaubnis für eine Hospitation in der Unterwelt wie *Odysseus*, um mit den Toten zu reden und Rat und Orientierungshilfe zu erhalten. Die Seelen unserer Toten verschwinden im Nichts, vielleicht werden sie Teil der unsichtbaren dunklen Materie, die mächtiger zu sein scheint als die sichtbare.

Die Pflanzen ziehen im Winter ihre Energien aus den sichtbaren Teilen ihrer oberirdischen Gestalt zurück und speichern sie im Dunkeln der Erde, damit das Wunder der Metamorphose, die alljährliche Verwandlung vom Blatt zur Blüte und zur Frucht, wieder beginnen kann.

Warum aber entwickeln Pflanzen diese hochwirksamen Substanzen und was hat dies mit dem metaphysischen Bedürfnis des Menschen zu tun?

Das Bemühen um eine Aufklärung über die Wirkkräfte biogener Gifte, die Analyse ihrer Substanzen ist noch recht jung. Erst zu Beginn des 19. Jahrhunderts begann man mit der Isolierung reiner Wirkstoffe aus biologischem Material.

Isolierung und Synthetisierung einzelner Substanzen sind natürlich für Arznei- und Giftkunde wesentlich, aber beantworten sie auch die Frage nach der Ursache ihrer Entstehung?

Eine These ist, dass die Pflanzen diese Stoffe im Laufe der Evolution entwickelten, um sich vor Fressfeinden und Parasitenbefall zu schützen, wie sie auch von einigen Tieren (Schlangen, Amphibien, Spinnen, Insekten u. a.) zur Verteidigung und Jagd eingesetzt werden. Auch ist das gegenseitige Aufrüsten von gesteigerter Giftigkeit auf der einen und verbesserter Immunität auf der anderen Seite, welches immer raffiniertere Strategien hervorbringt, hinlänglich bekannt. Erklärt ist aber bis heute nicht, warum bestimmte Tiere oder Pflanzen giftig sind und andere nicht.

Auch gibt es im Verhältnis der Pflanze zum Tier als Konsumenten für die Pflanze ein Problem: Sie ist zum Teil abhängig vom Besuch der Insekten und anderer Tiere, Blüten wollen bestäubt und Samen verteilt werden. Außerdem gibt es keinen Teil einer Pflanze, der nicht irgendeinem anderen Organismus als Nahrung dient und für fast jedes Pflanzengift gibt es ein Tier, das dieses Gift verträgt oder sich sogar selbst damit wappnet (sekundäre Giftigkeit), hier schlägt die Abwehr schon ins Gegenteil um.

Es sind aber genau diese Substanzen, die für den Schutz der Pflanze selbst relativ wenig bewirken, welche für den Menschen heilende oder tötende und zum Teil auch bewusstseinsverändernde Wirkkräfte bereithalten.

Dass diese komplexe Raffinesse, dieser biochemische Aufwand nur ein Abfallprodukt des Stoffwechsels oder die Nebenwirkung eines Abwehrmittels sein soll, ist schwer zu akzeptieren.

Es existiert eine Beziehung zwischen der Pflanzenwelt mit ihren Substanzen und dem menschlichen Organismus, ohne die eine Energie übertragende, d. h. ernährende, heilende oder zersetzende, aber eben auch psychoaktive Wirkung nicht möglich wäre und diese »*enge Verbindung … zeigt sich aber besonders ausdrücklich darin, dass einzelne ihrer Vertreter Stoffe produzieren, die sogar auf den geistigen Wesenskern des Menschen einzuwirken vermögen.*«[23]

Durch diese Verbundenheit nehmen die Pflanzen seit jeher nicht nur Einfluss auf die körperliche Befindlichkeit des Menschen, sondern auch im gleichen Maße auf seine Kultur, im Bereich der alltäglichen wie auch der spirituellen Bedürfnisse. In diesem Grenzbereich zwischen Natur und Kultur erforschen Wissenschaften wie die *Ethnobotanik* die vielfache Verwendung sakraler Pflanzen in Ritus und Kultus sowie die Struktur der psychoaktiven Substanzen:

> »*Welche Bestandteile der betreffenden Pflanzen sind für die Wirkung verantwortlich, derentwegen diese Pflanzen eine religiös-rituelle oder magische Anwendung finden? Es ist die Frage nach dem eigentlichen*

Wirkstoff, nach der Quintessenz, die quinta essentia, wie Paracelsus die
wirksamen Prinzipien der Drogen bezeichnet hat.«[24]

Einige dieser Untersuchungen bewusstseinserweiternder Pflanzenwirkstoffe ergaben ein weiteres Indiz für die These einer Affinität zwischen pflanzlicher und menschlicher Chemie:

»Die wichtigsten pflanzlichen Halluzinogene zeigen in ihrem chemischen
Aufbau eine enge Verwandtschaft mit Hirnhormonen, also mit psycho-
logischen Wirkstoffen, die bei den biochemischen Vorgängen, die mit
den psychischen Funktionen verbunden sind, eine Rolle spielen ... Der
Wirkstoff des mexikanischen Zauberkaktus Peyotel, das Alkaloid Mes-
kalin, ist chemisch nah verwandt mit dem Hirnhormon Noradrenalin.«[25]

Hirnhormone sind Neurotransmitter (Übertragungsstoffe) wie Noradrenalin, Acetylcholin, Serotonin, Dopamin und andere Stoffe, die
an den synaptischen Nervenendigungen freigesetzt werden und so die
Reizweiterleitung zwischen den Neuronen ermöglichen oder verhindern. Sie regulieren damit die Elementarfunktionen des Nervensys-
tems.
Die pflanzlichen Substanzen, die auf den geistigen Wesenskern des
Menschen einwirken, die *psychoaktiv* sind, wie z. B. die Alkaloide,
verhalten sich demnach in ähnlicher Weise wie die Neurotransmitter,
und diese Übereinstimmung könnte eine Erklärung der psychoaktiven
Wirkung der Substanzen sein, denn sie können an derselben Stelle, an
der die hirneigenen Stoffe wirken, ihre Energien entfalten.

»Dadurch werden die psychischen Funktionen, die an den betreffenden
Stellen des Gehirns lokalisiert sind, verändert, gedämpft, stimuliert oder
sonst wie modifiziert.«[26]

Diese Erkenntnisse beziehen sich aber immer nur auf Struktur und
Verhaltensweise isolierter Substanzen, sie sagen nichts aus über die

eigentliche individuelle Erfahrung nach Einnahme einer psychoaktiven Droge.

Hier gilt das Gleiche wie bei der physischen Wirkung eines Stoffes: Zwei Persönlichkeiten treffen aufeinander, denn auch die Substanzen erhalten in jeder Pflanze eine besondere Ausprägung, die wie die Psyche des Aufnehmenden und der kulturelle Kontext, in dem dieses Ereignis sich vollzieht, ihren Teil zu Verlauf und Wirkung des Rausches beitragen.

> »Ich setze voraus, dass der Pflanze Energien innewohnen, die uns nicht nur körperlich in ihre Gewalt bringen, sondern in uns selbständige geistige, immaterielle Wirklichkeiten erzeugen. Diese der Pflanze zugehörigen Wirklichkeiten sind immer in der Pflanze verborgen gewesen, sie gehen auf uns über und entfalten sich in einer so ganz anderen Wohnung.«[27]

So bleibt das Rätsel um die Autorschaft der Traumbilder, Visionen und Fantasien letztendlich ungelöst wie das Motiv der Pflanzen für die Kreation ihrer Substanzen.

Die Rückseite des Paradieses

Hekate: »Ein Tropfen Tau, giftdampfgeschwellt;
An einem Horn des Mondes hängt
Ich fang ihn, eh er niederfällt«
(Shakespeares, Macbeth, III, 6)[28]

Die Göttin Isis hatte als pflanzen- und heilkundige Zauberin in der griechischen Göttin Hekate eine würdige Nachfolgerin: die dreifaltige und dreigesichtige Hekate, eine zwielichtige Göttin der Unterwelt, aber auch Tochter des Helios, verbunden mit Mond und Sonne, Göttin der Fruchtbarkeit, identisch oft mit Artemis und Selene, Herrin über Leben und Tod.
Sie galt als Schutzpatronin der Grenzbereiche, der Übergänge zwischen Natur und Kultur, dem Realen und Irrealen; dort, wo sich die Wege kreuzen und Schwellen überschritten werden, ist ihr eigentlicher Wirkungsbereich.

Sie wurde angerufen von allen Zauberinnen und Giftmischerinnen, die wohl berühmtesten der griechischen Mythologie sind Medea und Kirke, Letztere war selbst eine Göttin. Ihre Zaubergärten im fernen Kolchis oder auf der Insel Aiaia, am Rande der Zivilisation, reich an heilenden und zauberkräftigen Pflanzen, wurden zum Vorbild und auch Gegenbild für den mittelalterlichen Kräutergarten der Klöster und der Heilkundigen, auch sie waren eine Art *hortus conclusus*, aber nicht ein durch Mauern abgesonderter und behüteter, sondern ein verzauberter Bereich, so wie jene ein Abbild des Paradieses, symbolisierten diese dessen Nachtseite.

*

Die beeindruckenden Giftkunststücke der Zauberinnen Medea und Kirke wurden fantasievoll geschildert, u. a. von Homer, Euripides und Ovid.

Medea, die dank ihrer Gift- und Zauberkenntnisse Jason zum Goldenen Vlies verhalf und ihre Rivalin durch ein vergiftetes Kleid beseitigte, wurde zum Vorbild für die Rachemöglichkeiten einer *schwachen* Frau, das vor allem in der römischen Kaiserzeit begabte Nachahmerinnen fand.

Der berühmt berüchtigte Zauber der Kirke[29] (die auf ihrer Insel inmitten eines verzauberten Gartens, bewacht von in Raubtiere verwandelten Menschen, ihre Besucher erwartet): die Verwandlung der Gefährten des Odysseus in Schweine ist von anderer Natur. Hier geht es nicht um Rache und Vernichtung, sondern um Verzauberung, um den Stoff, aus dem die Märchen sind.

Was hatte die Göttin wohl in den Weinmus gemischt, damit die Männer sich fühlten, als wären sie in Schweine verwandelt? Denn der Verstand – das Bewusstsein – war ihnen geblieben.

Welche halluzinogenen Wirkstoffe Kirke verwendet hatte, wird nicht verraten, doch war deren Wirkung stark genug, um all das vorübergehend auszulöschen, was der noch junge Zivilisationsprozess an Impulskontrollen und Verhaltensreglementierungen bisher im Menschen verankert hatte.

Es sind die zauberischen, das Bewusstsein verführenden und erweiternden Nebenwirkungen pflanzlicher *Pharmaka*, die unseren Geist entsetzen und die Grenzen auflösen, sodass wir der Enge unserer Körperwelt und unseres Ichs, dieser mühsam zusammengehaltenen Konstruktion, vorübergehend entkommen, was Himmelsflug oder Höllenfahrt bedeuten kann.

Im Mittelalter und in der anbrechenden Neuzeit war es dann die Flugsalbe oder Hexenschmiere, mit der Frau oder auch Mann tatsächlich glaubte, fliegen zu können. Die Auflösung zwischen dem Ich und der Umwelt, dem Innen und Außen, Entgrenzung des Raums und Stillstand der Zeit, sind typische Symptome eines Rausches, wie dieses Erleben dann interpretiert wird, das ist ein Anderes.

Die Seele des Schamanen oder Heilers verlässt den Körper, um mit der Geisterwelt, den über- und unterirdischen Wesen zu kommunizieren.

Die Hexe fliegt mit oder ohne Besen, aber mit ihrem Körper, oder sie verwandelt sich in ein Tier, es wachsen ihr Federn oder ein Fell.

Die Rezepte der Hexensalben, die im Nachhinein von Pflanzenkundlern überliefert wurden, sind eine Mischung aus schauriger Fantasie und botanischer Wirklichkeit. Wie es der Ethnologe Hans Peter Dürr[30] detailliert recherchiert und beschrieben hat, wurde in den Hexenprozessen nach der wahren Rezeptur und Anwendung der Hexensalben nicht gefragt, da eine materielle Erklärung nicht erwünscht war.

Die Elixiere des Teufels sollten auch wirklich des Teufels sein, und wenn schon Pflanzen verwendet wurden, dann waren es eben teuflische Gewächse, wovon die Namen vieler und auch teilweise ganz harmloser Pflanzen vom *Teufelsabbiss* bis zum *Teufelszwirn* beredte Auskunft geben.

Zu den in unseren Breiten berühmtesten der geheimnisvollen und wirkkräftigen Pflanzen, deren nicht nur medizinische Verwendung bereits im Altertum bezeugt ist, gehören: *Der Blaue Eisenhut (Aconitum napellus)* oder auch *Teufelskappe, der Gefleckte Schierling (Conium maculatum)*, Nachtschattengewächse wie das *Bilsenkraut (Hyoscyamus niger)*, die *Tollkirsche oder Teufelsauge (Atropa belladonna)* und natürlich die *Alraune (Mandragora sp. Solanaceae)*, die *Herbstzeitlose oder Teufelswurz (Colchicum autumnale)*, auch darf das Reich der Pilze nicht vergessen werden:

Der berühmte *Fliegenpilz (Amanita muscaria)* sei hier als Beispiel genannt.

So unterschiedlich die einzelnen Wirkstoffe und ihre Kombinationen in der einzelnen Pflanze auch sind, gehören die als wirksam bekannten Substanzen hauptsächlich zu den Stoffklassen der *Alkaloide, Glykoside, Proteine und Terpene*. Für die Menschen, die noch kein Wissen um die biochemischen Prozesse der Pflanzenwirkstoffe besaßen, konnte der Grund dieser heilenden, tötenden oder berauschenden Kräfte, der durch sie ausgelösten Visionen und Ekstasen, nur ein überirdischer, göttlicher sein. So bekamen die Pflanzen selbst das

Attribut des Sakralen verliehen oder man betrachtete sie als Gabe der Götter.

Selbst der listenreiche *Odysseus* pflückt das Zauberkraut *Moly* (das nie wirklich identifiziert werden konnte), mit dem er seine in Schweine verwandelten Gefährten wieder entzauberte, nicht selbst, es wurde ihm durch den Gott Hermes übergeben:

>*»Moly wird sie genannt von den Göttern.*
>*Sterblichen Menschen*
>*ist sie schwer zu graben;*
>*doch alles vermögen die Götter.«*
>*(Homer, Odyssee, 10. Gesang, 305–306)*[31]

Anmerkungen und Literatur

1 »Pschyrembel Klinisches Wörterbuch«, Berlin, New York, 1994, S. 542.

2 ebenda.

3 Deutsches Wörterbuch von Jakob und Wilhelm Grimm, 4. Bd., Leipzig, 1949, S. 7423 – 7440.

4 ebenda.

5 ebenda.

6 Karlheinz Lohs, Dieter Martinetz: »Gift, Magie und Realität – Nutzen und Verderben«, Hamburg, 1986, S. 7.

7 Louis Lewin: »Die Gifte in der Weltgeschichte«, Wien, 2007, S. 49 – 50.

8 Karl Hiller, Matthias F. Melzig: »Die große Enzyklopädie der Arzneipflanzen und Drogen«, Erftstadt, 2007, S. 423.

9 William Shakespeare: »Hamlet«, übertragen v. August Wilhelm Schlegel, Frankfurt/M., 1980, S. 88.

10 Wolf-Dieter Storl: »Von Heilkräutern und Pflanzengottheiten«, Bielefeld, 2004, S. 290.

11 siehe Anm. 7 (S. 18).

12 Günter Fred Fuhrmann: »Toxikologie für Naturwissenschaftler«, Wiesbaden, 2006, S. 3.

13 siehe Anm. 3.

14 Gustav Schenk: »Schatten der Nacht«, Ulm a.d. Donau, 1964, S. 126 – 127.

15 Gerhard J. Bellinger: »Knaurs Lexikon der Mythologie«, Augsburg, 2001, S. 233.

16 James George Frazer: »Der goldene Zweig«, Bd. II, Frankfurt/M., 1977, S. 557 – 558.

17 Helga Volkmann: »Märchenpflanzen, Mythenfrüchte, Zauberkräuter«, Göttingen, 2002, S. 11.

18 zitiert aus: Homer, »Odyssee«, übertragen v. Johann Heinrich Voss, Zürich, 1980, S. 46.

19 siehe Anm. 17, ebenda.

20 Johann Wolfgang von Goethe in einem Brief an Charlotte von Stein, Dr. Stefan Schneckenburger, »Goethe und die Pflanzenwelt«, »Palmen-Garten«, Frankfurt/M., 1998, S. 26.

21 zitiert aus: Echtemeyer, von Wiese (Hg.): »Deutsche Gedichte«, Düsseldorf, 1968, S. 261 – 263.

22 siehe Anm. 21 ebenda

23 Richard Evans Schultes, Albert Hoffmann, Christian Rätsch: »Pflanzen der Götter«, Aarau, 2001, S. 7.

24 ebenda, S. 20.

25 ebenda, S. 184.

26 ebenda, S. 185.

27 siehe Anm. 14, S. 180.

28 William Shakespeare: »Macbeth«, übersetzt von Frank Günther, Gesamtausgabe Bd. 6, Cadolzburg, 2001, S. 115.

29 vgl. dazu im Kapitel »Giftgrazie«.

30 vgl. Hans-Peter Dürr: »Traumzeit: Über die Grenze zwischen Wildnis und Zivilisation«, Frankfurt/M., 1978, § 1 Hexensalben, S. 13−24.

31 siehe Anm. 18 (S. 133).

Die Naturbilder

Die Herbstzeitlose
Persephone in Lila

»Leichthin in den Tag
Leben sie
Und Erinnern sich doch
Jahr um Jahr ihrer Stunde
Da es Zeit ist zu erblühn
In herbstlicher Pracht.«
»Kakitsubata«[1]*(Die Herbstzeitlose)*

Es ist die Zeit des Übergangs vom Sommer zum Herbst.

Das Licht tritt zurück, es lässt die Konturen sanft verschwimmen, der Klang der Farben wird leiser und leichte Nebelschleier legen sich wie eine hauchdünne Lasur über das Landschaftsbild.

Schon liegt ein feiner Pilzgeruch in der Luft und die ersten roten Kirschbaumblätter tanzen im Wind. Mit der staubigen Trockenheit des Hochsommers ist es nun vorbei, ein feuchter Schimmer erfrischt die Wiesen und einige Sommerblumen kehren noch einmal für kurze Zeit zurück.

Die Zeit des Rückzugs und des Abschiednehmens beginnt mit einem Fest abgetönter Farben und farbiger Überraschungen.

Manchmal geschieht es über Nacht, von einem Tag auf den anderen finde ich die Wiese, die sich zwischen einem schmalen Fußweg und einem zu dieser Zeit munter fließenden Bach vom Wald hinunter ins Tal erstreckt, übersät mit den blassvioletten Prinzessinnen, oder ich entdecke nur eine einzige Blüte, die sich allein hervorgetraut hat.

Frierend stehen sie im Wind, vor Kälte zitternd in ihren zarten und viel zu dünnen Seidenkleidchen, ohne den Schutz des Kelchmantels, inmitten der sich schon leicht ins Gelbgrüne verfärbenden Gräser, was aus der Ferne wirkt, als hätte man in einen grünen Stoff einen goldgelben Faden hineingewebt.

Dazwischen schimmert das helle Blau der letzten Glockenblumen, weiße Wölkchen der Schafgarbe und die rostroten Blutstropfen des Großen Wiesenknopfes leuchten auf. Den stärksten Farbreiz aber erzeugt das feurige Lila der Herbstzeitlose, ein Klang, der das Gelbgrün in Schwingung bringt.

Ihr Glanz ist aber nur von kurzer Dauer, *ephemeron* hießen sie in alter Zeit, *auf den Tag*, denn schon der nächste Regenschauer wird sie niederdrücken, die zarten Kleidchen zerknittern und hässliche Flecken auf ihnen hinterlassen, aber in den nächsten Tagen, während die anderen noch verbliebenen Blumen allmählich verschwinden, erscheinen immer mehr der zeitlosen Blüten, weit gestreut in kleinen Zweier- oder Dreiergruppen, entfalten sie dann fast konkurrenzlos ihre falsche Frühlingspracht.

»Seid ihr ein Trugbild oder einfach nur verspätet?«, möchte man ihnen zurufen.

Ihr Erscheinen zur Unzeit sowie die schamlose Inszenierung ihrer Blöße zu einer Zeit, in der sich der verführerische Blütenzauber längst in Samen und Frucht zu verwandeln beginnt und somit seine Aufgabe erfüllt hat, betritt diese *nackte Jungfer*, die laut Volksmund nur zu faul ist, sich etwas Anständiges anzuziehen, die Bühne. Das hat ihrem Ruf geschadet und sie der Hexerei verdächtig gemacht, denn man ahnte, dass dieses *späte Mädchen* nicht so hilflos und unschuldig war, wie es erschien, und schon bald entdeckte man ihr giftiges und später auch ihr botanisches Geheimnis.

Bevor wir aber das Wissen einschalten, schauen wir noch einmal genau hin und befragen unser symbolisches Gedächtnis.

Ihre Erscheinung erinnert uns an den Frühling, auf den ersten Blick ähnelt sie den Blüten des Krokus und aufgrund dieses Anklangs versetzt ihr Anblick den Betrachter in eine zwiespältige Stimmung:

Es mischen sich Gefühle der Hoffnung und der Melancholie, die Zeit scheint stillzustehen, wir sehen Herbst und Frühling vereint, so als wollte die Schöne uns sagen: »Wir – die Blumen – sterben ja nicht, wenn wir verschwinden, wir ruhen uns nur ein wenig aus, wir ziehen uns für ein paar Monate in unser unterirdisches Reich zurück, um uns für unseren nächsten Auftritt vorzubereiten, wir stehen wieder auf, verjüngt und frisch wie am ersten Tag.«

Ein Trost, den Friedrich Hölderlin in seinem Gedicht »An die Hoffnung« für seinen Lebensherbst entgegennahm:

> »… Im grünen Tale, dort, wo der frische Quell
> Vom Berge täglich rauscht, und die liebliche
> Zeitlose mir am Herbsttag erblüht,
> Dort in der Stille, du Holde, will ich …
> Dich suchen …«[2]

Die Hoffnung auf Unsterblichkeit ist eines ihrer Symbole und der Eindruck ihres Erscheinens kann so reizvoll sein, dass er die Erinnerung an die Geliebte heraufbeschwört, wie es in dem japanischen Nō-Theaterstück »*Kakitsubata*«[3] (der Name einer wild wachsenden Iris-Art, die der Übersetzer aufgrund der Gefühlsassoziationen mit Herbstzeitlose übertrug, die zur selben Familie gehört)[4] von *Seami Motokiyo* geschildert wird. Dieses Nō thematisiert die Vergänglichkeit im Gegensatz zur unsterblichen Liebe und der zeitlosen Macht der Kunst, die sich in der alljährlichen Wiederkehr der Blüte der Zeitlosen im Herbst symbolisch manifestiert. Benutzt wird hier eine indirekte, diskrete Form der Darstellung einer Geist-Erscheinung. Es ist die Geliebte des Poeten und Musikers Narihira, Autor des »*Ise-Monogatari*«, dem die Hintergrunderzählung für dieses Nō entnommen ist, der im 9. Jahrhundert (Heian-Zeit) am Hof des Kaisers diente, dessen Frau er liebte, weshalb er vom Hofe verbannt wurde.

So zog er durch das Land und kam in die Provinz Mikawa, ins Tal der Acht Brücken, eine Moorlandschaft, in der im Herbst die Zeitlose blüht. Dieser Anblick vergegenwärtigte ihm seine Geliebte und regte ihn zu seiner Dichtung an. Narihira verkörpert die hohe vergeistigte Dichtkunst, »Das Weiterreichen der Blüte«, welches für Seami das Prinzip von »Yūgen« darstellt.[5]

Die Zeitlose, die in Gestalt der Geliebten Narihiras einem Priester erscheint und diesem von der erlösenden und transzendenten Musik Narihiras erzählt, ist eine Epiphanie der Blüte und der Geliebten, beide sind miteinander verschmolzen als Zeichen zeitloser Erinnerung und Liebe, die sich in Narihiras Kunst offenbart.

∗

Im deutschen Volksglauben hat der Herbstzeitlosen diese Zeit-Losigkeit, die Umkehr des normalen Ablaufs der Vegetation, neben ihrer unzeitgemäßen Bekleidung, eine Reihe von diffamierenden Namen eingebracht, da man der Blume ihr (zeit)loses und damit anscheinend unnützes Auftreten übel nahm.

Von der *Hunds-* und *Leichenblume* über *Nacktarsch* und *Nackte Hur*[6] musste sie sich einiges anhören, und man streute freizügigen Mädchen die Blüten und Samenkapseln der Zeitlosen vor die Tür oder auf den Weg zum Brunnen. In dieser Blumensprache symbolisiert sie die Unkeuschheit und nicht nur das, denn mit ihrem Erscheinen waren die Wiesen für Mensch und Vieh vergiftet und dies nicht nur im Herbst.

Zur schönsten Frühlingszeit und Sommersonnenwende, ebenso eine Übergangsphase, die mit Maifeiern und der Walpurgisnacht ritualisiert wird, erscheinen die spitzen lanzettförmigen Blätter, die von unkundigen Kräutersammlern mit dem Bärlauch verwechselt werden. Einen Frühjahrssalat mit den Blättern der Herbstzeitlosen zu würzen, ist aber nichts für Sterbliche, sondern nur etwas für Hexen, diese schneiden in der Walpurgisnacht den Blättern die Spitzen ab, da diese kurz danach, wenn in ihrem Schoß die Fruchtkapsel langsam zu wachsen und zu reifen beginnt, gelb und welk werden. Die dreifächrige Kapsel, die anfangs an eine große Knospe erinnert, färbt sich im Laufe des Frühsommers braun und wird trocken und runzlig. Nimmt man sie heraus, hört man die kleinen Samen darin klappern.

Auch für die Frucht der Herbstzeitlosen, der Samenkapsel, erfand der Volksmund eine Anzahl kuriosester Namen, die sich einmal auf die Form und dann wieder auf den Inhalt, ihre Giftigkeit, beziehen, wie z. B. *Teufelsküche, Teufelsbrot* oder *Hennegift.*

Die Form beschreiben Namen wie Butterwecken, Kuckucksweck, Kühe, Kuheuter sowie die Namen anderer Tiere, was vermuten lässt, dass die Kapsel mit ihren klappernden Samen den Kindern früher als Spielzeug gedient haben könnte.

Aus meiner eigenen Kindheit, in der ich viel Zeit draußen verbrachte und dank des Mangels an Spielsachen meine Fantasie nutzen und entwickeln musste, um mir Dinge zu entdecken, sie für mich mit neuer Bedeutung zu versehen, sie neu zu erschaffen, um sie in mein subjektiv-mythologisches Universum einzufügen, weiß ich, wie die kindliche Vorstellungskraft die Formen der Natur in Gestalt von Zweigen und Früchten, Moosen und Steinen und vielem mehr für ihr imaginäres Theater zu nutzen weiß.

Zu einer Zeit, in der auch kleine Kinder, in der oralen Entdeckungsphase, sich ohne Aufsicht im Freien aufhielten, muss es sicher zahlreiche Vergiftungsfälle gegeben haben.

Einer Mischung aus spielerischer Fantasie und frivoler Anzüglichkeit entstammen Bezeichnungen wie *Hundshoden, Pfaffensack* oder auch des *Teufels Geldbeutel.* Angespielt wird damit auf die Ambivalenz des Sexuellen, der Verführungskraft teuflischer Giftigkeit.

Bevor aber der Wirkstoff der Pflanze hier eine Rolle spielen soll, möchte ich etwas auf die Bühne rufen, das man getrost als ein botanisches Rätsel bezeichnen kann und das der Dichter Guillaume Apollinaire in ein literarisches bzw. poetisches transformierte.

Er nannte es »*Les colchiques*« (Die Herbstzeitlosen), aus dem ich hier einige Verse zitiere:

> *»Le pré est vénéneux mais joli en automne*
> *Les vaches y paissant*
> *lentement s´empoisonnent …*

Le colchique couleur de cerne et de lilas
Y fleurit tes yeux sont comme cette fleur-là …
Et ma vie pour tes yeux lentement s´empoisonne …
… les colchiques qui sont comme des mères
filles des leur filles et sont couleur de tes paupières …«[7]

Auch hier kommt es – wie im Nō-Theaterstück »*Kakitsubata*« – durch den Vergleich der Blüten mit der Farbe der Augenringe und Augen einer geliebten Frau zu einer Symbolisierung des einen durch das andere: Die Farbe der Blüte verweist auf die Geliebte, wie deren Augenfarbe wieder an die Blüte erinnert. Wie in der Lyrik des Nō kommt es zu einer Verschmelzung von Erscheinung und Bedeutung sowie zu deren Umkehr.

Das allmähliche Vergiften der Wiese und des Liebhabers in Verbindung mit der herbstlichen – vergänglichen – Schönheit steht als Metapher für die Verführung, die zum Begriffsfeld der Magie des Giftes gehört. Das botanische Geheimnis aber, das das Wesen dieser Pflanze umgibt, nutzt Apollinaire als Hinweis auf die Form seines Gedichtes: »*mères filles de leur filles*« – Mütter Töchter ihrer Töchter – was war zuerst da? Bild oder Gedanke?

In seinem Aufsatz »*Ein kleines mythisch-literarisches Rätsel*«[8] hat sich der Ethnologe Claude Leví-Strauss mit diesem Gedicht befasst und die Spur verfolgt, die ihm zum botanischen Geheimnis der Herbstzeitlosen führte, einer Struktur der Umkehrung, der »*Instabilität*«, wie er es nennt, in der nicht mehr erkennbar wird, wer die Mutter und wer die Tochter ist, und er zeigt auf, wie Apollinaire diese Struktur in seiner Lyrik umzusetzen wusste.

Uns interessiert hier aber vor allem das botanische Geheimnis, das dieses Rätselwort rechtfertigen könnte, und die Auflösung beginnt mit der Blüte, mit der Farbe unausgeschlafener Augen:

Die Blütenhülle ist ein Perigon, eine für einkeimblättrige Pflanzen wie die Familie der Liliengewächse, zu der die Herbstzeitlose gehört, typische Form, und das bedeutet, dass es zwischen Kelch- und Kronblättern keinen Unterschied gibt. So viel zur Nacktheit, zur *dame sans chemise*, dem *Hemdenmatz*.

Der Nicht-Botaniker sieht sechs lila- oder purpurrosafarbene, langen Zungen ähnelnde Blütenblätter, die sich bei schönem Wetter auseinanderfalten, aber unterhalb des Blütenbodens wieder zu einer weißen Röhre zusammenfügen. Im Innern des Blütenkelchs erkennen wir sechs gelbe Staubgefäße und in deren Mitte einen dreigeteilten Griffel, aber keinen Fruchtknoten.

Der Insektenbesuch lässt besonders an kühleren Tagen auf sich warten. Manchmal sah ich kleine Käfer in einer Blüte herumklettern, aber selten eine Biene oder einen anderen Hautflügler.

Doch auch für dieses Problem hat die Zeitlose eine autonome Lösung: Selbstbestäubung. Da sich die Blüten- und Kelchblätter bei trübem, regnerischem Wetter zusammenfalten und so eine schützende Haube um die Geschlechtsorgane bilden, drücken sie die Staubgefäße an die Narben der Griffel. Aber was passiert mit dem Pollen?

Die Blüte ist zwar ein Hermaphrodit, zweigeschlechtlich, trotzdem ist hier etwas anders. Zwischen den oberirdischen Geschlechtsteilen, den männlichen Staubgefäßen, und dem weiblichen fruchtbildenden Organ (dem Fruchtknoten) besteht eine Distanz von ca. 2 – 3 Dezimetern, die der Pollen überwinden muss.

Denn die eigentliche Befruchtung findet in der Unterwelt statt, im frostfreien Schutz des Erdinnern, wo sich die nähr- und giftstofffreiche Zwiebel befindet, dort überwintert der Fruchtknoten, und erst im Frühjahr steigt er wie Persephone, die ihre Rolle als Ehefrau für ein Drittel des Jahres im unterirdischen Totenreich des Hades zu erfüllen hatte, wieder ans Licht und zeigt sich in Form von Blättern und Frucht, der Frucht der Blüte des vergangenen Herbstes.

Persephone ist die Göttin des Totenreiches und der Fruchtbarkeit.

Im Mythos um ihre Entführung und der Suche nach ihr durch ihre Mutter Demeter, die dadurch die Ernährung der Menschheit gefährdete, symbolisiert sie das alljährlich sich ereignende *Stirb und Werde*, damit verbunden ist das Wissen um die Abhängigkeit des Menschen vom Zyklus des vegetativen Lebens, das mit den *Eleusinischen Mysterien* immer wieder inszeniert und somit im Gedächtnis bewahrt wurde.

Ein Ritual des Übergangs mit der Hoffnung auf Wiederkehr, Wiederauferstehung und Unsterblichkeit.

Trost und Schutz in der Dunkelheit, das erhoffte man sich auch von der Blüte der Herbstzeitlosen, deren lichte Farbe aufleuchtet, wenn die langen dunklen Abende beginnen.

So pflückten früher die Frauen, die an den langen Winterabenden an den Spinnrädern saßen, die erste *Lichtblume* (Zeitlose), die sie sahen, und legten sich die Blütenblätter auf die Augen, damit diese nicht müde werden sollten.

Sind die Samenkapseln im Frühsommer reif, platzen sie auf und die winzig kleinen Körner werden von Ameisen verbreitet.

Aber dieses botanische Theater, das mit der langen Reise des Pollens durch die Griffel- beziehungsweise Blütenröhre ins Erdinnere zum Fruchtknoten beginnt, ist nur der unbedeutendere Teil der Fortpflanzung.

Die eigentliche Verbreitung (Familienbildung) der Herbstzeitlosen verzichtet auf den Sex. Bei asexueller Fortpflanzung löst sich ein Teil der Mutterpflanze ab und bildet einen neuen Organismus.

Die Herbstzeitlose ist nicht nur losgelöst aus der Ordnung der Vegetationsperiode und ihren Regeln, sondern auch von der Bindung an die sexuelle Befruchtung. Sie ist ein Klon.

Die Knolle bildet seitlich eine Tochterzwiebel aus und stirbt ab. So bewegt sie sich und pflanzt sich horizontal weiter fort.

Wir erhalten das Doppelbild einer »*horizontalen Fortpflanzung*« und einer »*vertikalen Befruchtung*«, das Claude Levi-Strauss in seinem Essay über die »*Colchiques*« herausgearbeitet hat, und noch einen Hinweis des Autors halte ich für bemerkenswert. Es ist der Tatbestand der räumlichen Trennung des weiblichen vom männlichen Geschlecht, das man natürlich auch bei anderen Pflanzen findet, aber hier in einer Form, als sollte auf die Notwendigkeit der Distanz zwischen den Geschlechtern verwiesen werden, damit so etwas wie Begehren entstehe.

Der Ethnologe erwähnt als mythische Analogie die Version der Bildung des ersten Menschenpaares in der Bibel durch die »Teilung« Adams.[9]

Mindestens ebenso anschaulich wird dies meiner Ansicht nach im Mythos vom androgynen Kugelmenschen, den Aristophanes auf dem berühmten Symposion (Platon)[10] erzählt, dem wir die Rede der Diotima über den Eros verdanken.

Dieses perfekte Kugelwesen wird von den Göttern, die wie der Gott der Paradiesgeschichte um ihre Souveränität fürchten, geteilt, es werden zwei geschlechtlich verschiedene Wesen daraus gebildet, die sich nun, dank der Kraft des Eros, nacheinander sehnen dürfen, um wieder eins zu werden, aber nicht eins zu sein:

Ein weiteres Gedankenspiel zwischen den miteinander verflochtenen Schicksalen der Bildungsgeschichte des Menschen und der Pflanzen.

*

Nun kommen wir aber endlich zur Substanz, dem Gift oder besser Wirkstoff der Pflanze, und auch hier liegt der Ursprung im Mythos, auf den der wissenschaftliche Name der Herbstzeitlosen: *Colchicum autumnale*, den sie Carl von Linné verdankt, verweist.

Er führt uns erneut zurück in die mythische Vorzeit, ins sagenumwobene Land Kolchis am östlichen Rand des Schwarzen Meeres, das berühmt war für seine Giftpflanzen und die mit ihnen vertrauten und kundigen Giftmischerinnen.

Medea, die Heldin der Argonautensage, denn nur dank ihrer Zauberkraft und ihrer Kräuter konnte das Goldene Vlies erbeutet werden, hat dort ihre Heimat und schon ihr Vater war als Giftkundiger bekannt. Sie war Priesterin der Göttin Hekate und spezialisiert auf Verjüngungs- und Fruchtbarkeitszauber.

Sie konnte gebrechliche Greise in Jünglinge und verwüstetes Land in fruchtbare Wiesen und Felder verwandeln. Für die Verjüngung des Vaters ihres Geliebten, Jason, sammelte sie nächtelang Kräuter und braute daraus eine Mixtur, die den Rezepten der Hexen in Shakespeares Macbeth an Skurrilem und Schaurigem in nichts nachsteht, nur mit dem Unterschied, dass bei den Zutaten keine Idiosynkrasien mit verarbeitet wurden, die hatten sich erst im christlichen Mittelalter, als man zu wissen glaubte, was Gut und Böse ist, in die Hexenküche eingeschlichen.

Heißt es noch bei Ovid, der in seinen »Metamorphosen« im siebten Buch die Taten und Kräuterbraukünste (inklusive ihrer Rezeptur) der Medea schildert:

> »... Weiter die Flügel sowie das Fleisch den unholden Uhus,
> dann das Geweid eines zwiegestalteten Wolfs, der sein tierisch
> Aussehn mit dem eines Mannes zu wechseln vermocht, ...«[11]

so findet sich in den Töpfen der Hexen in »*Macbeth*«:

> »Leber, warm vom Lästerjud, ...
> Nas vom Türk, Tatarenohrn, ...«[12]

Ich weiß, ich schweife hier allzu sehr ab, aber natürlich kamen in all diese Gebräue Pflanzen vom Schierling bis zum Bilsenkraut, und in Medeas Kessel befand sich auch die geheimnisvolle Pflanze *ephemeron*, über die Plinius Secundus d. Ä. in seiner »Naturkunde« schrieb, sie habe »*die Blätter der Lilie*« und »*eine blaue Blüte.*«[13]
Als das Gebräu endlich gelungen schien, hält Medea einen toten Ast hinein, kurz darauf sprießt aus diesem frisches Grün, dabei aber spritzt der Schaum über den Rand und einige Tropfen der heißen Flüssigkeit fallen auf den Boden. Sofort »*Frühlingt der Boden, und Blumen und schwellender Rasen erspießen.*«[14]

Bei diesen Blumen, so lautet die Sage, soll es sich um die Zeitlosen gehandelt haben, in denen das *ephemeron* wieder auferstand. Sie verdanken demnach ihre Entstehung der Zauberin und gelten auch als deren Lieblingsblume.

Nun war der Moment gekommen, dem alten Mann die Kehle durchzuschneiden, um das alte Blut durch den Verjüngungssaft zu ersetzen, und schon sind vierzig Jahre wie weggespült und ein junger Mann, der vielleicht Jasons Sohn hätte sein können (*Filius ante patrem*), entsteigt dem Zauberbad.

Natürlich erinnert das an Fausts Hexenküche – jede Zeit hat ihre Renaissancen – doch unterlagen seit dem ausgehenden Mittelalter alle Anti-Aging-Rituale dem Verdacht der Hexerei. Mit der Verteufelung der Pflanzenkunde kommt der Teufel selbst und seine Küche mit ins Spiel, die aber ist ambivalent: Wo ein Gift ist, da ist auch Heilung.

Als Heilkraut erwähnt wird die Herbstzeitlose schon in den alten Kräuterbüchern, Dioskurides empfiehlt ihre Anwendung bei Gicht, warnt aber auch vor ihrer Giftigkeit. Im deutschen Aberglauben sind die Herbstzeitlosen einer Wiese, auf der ein Unschuldiger enthauptet wurde, entwachsen. Daran musste ich denken, als ich den Namen las, den Hildegard von Bingen in ihrer »*Physika*«[15] der Pflanze gab: »*De Heylheubt*«, heiles Haupt, womit aber nicht – wie in Thomas Manns Geschichte von den vertauschten Köpfen – einmal abgeschlagene Köpfe wieder aufgesetzt werden konnten, der Name stammt vielmehr von der Verwendung der Herbstzeitlosen als Mittel zur Befreiung von Kopfläusen. Außer diesem Namen weiß die Heilige Hildegard nicht viel Gutes über die Pflanze zu sagen, sie schädige die geistigen Kräfte und bewirke den Tod.

Was so viel Wirkkraft besitzt, das hat magische Kräfte, und somit braucht man sich die gefährliche Substanz gar nicht einzuverleiben, es reicht völlig, ein Stück der Knolle als Amulett bei sich zu tragen. So trug man immer dann, wenn wieder einmal der »Schwarze Tod« oder eine andere Seuche drohte, ein Stück der Knolle als Anhänger um den

Hals oder einfach in der Hosentasche, was den Träger vor jeglicher Ansteckung bewahren sollte.

Tatsächlich soll ihr Wirkstoff bei akutem Gichtanfall schnell und sicher helfen, aber die Dosierung ist schwierig, die Nebenwirkungen unangenehm und das Risiko einer Vergiftung ist hoch. Die Pflanze ist in allen Teilen giftig. Sie enthält eine Reihe von Alkaloiden, das wirkkräftigste von ihnen ist das Colchicin. So enthalten die zarten Blüten 1,2 – 2,0 % der Alkaloide, davon zwischen 60 und 70 % Colchicin.

Das Gift wirkt auf das zentrale Nervensystem, aber der Verlauf einer akuten Vergiftung kann sich über mehrere qualvolle Tage erstrecken. Es beginnt 3 bis 6 Stunden nach der peroralen Aufnahme mit einem Kratzen im Hals, Trockenheit und quälendem Durst. Nach etwa 12 – 14 Stunden folgen Übelkeit und Erbrechen bis zur Darmkolik, Krämpfen und aufsteigender Paralyse. Der Tod tritt dann nach ca. 1 – 3 Tagen durch Erschöpfung, Herz- und Kreislaufversagen oder Atemlähmung ein.[16]

Als Selbstmordmittel ist es also nicht empfehlenswert.

Die Dosis letalis beträgt für Erwachsene etwa 5 g, für Kinder reichen 1,5 – 2 g, das sind nur ein paar der reifen Samen.

Es soll auch zu Vergiftungen durch den Genuss von Ziegenmilch gekommen sein, das Gift ist also sekundär noch wirksam, obwohl das Vieh, während es die Wiesen mit den Herbstzeitlosen abgrast – wie es Apollinaire in seinem Gedicht beschreibt – sich langsam vergiftet, scheint es ungeschoren davonzukommen. Anderen Berichten zufolge mache das Vieh einen großen Bogen um giftige Pflanze, aber wie kommt dann das Gift in die Milch?

Es gibt noch einen interessanteren Aspekt des Hauptwirkstoffs der Herbstzeitlosen.

Colchicin ist ein *Mitosegift*[17], ein Mitosehemmstoff, der in den Ablauf der Zellteilung eingreift.

Durch die hemmende Wirkung der Zellteilung wurde es als Krebsmittel bei Leukämie und Hautkrebs verwendet, andererseits kann es die Chromosomenbildung steigern. So kann man durch die Behandlung von Pflanzensamen mit Colchicin polyploide Formen erzeugen, das bedeutet resistentere und effizientere Pflanzen. Betreten wir hier wieder das Reich der Klone?

Vergessen wir aber darüber nicht die Anmut der zerbrechlichen Erscheinung unserer Herbstblüte, den tröstlich giftigen Winterhauch, das Leuchten ihres hellen Purpurs zu Beginn der dunklen Zeit, erteilen wir ihr zum Schluss noch einmal das Wort:

»Die Zeitlose«

»Flocken von Schnee über den Blüten
Falter schwärmen hier aus.
...
Die Herbstzeitlosen
Wie in alter Zeit
Wachsen aufs neu.«
(Kakitsubata)[18]

Anmerkungen und Literatur

1 Ezra Pound, Ernest Fenollosa, Serge Eisenstein: »Nõ – Vom Genius Japans«, hrsg. v. Eva Hesse, übersetzt von Wieland Schmied, Zürich, 1963, S. 185.

2 Friedrich Hölderlin: Sämtliche Werke, Frankfurt/M., 1961, S. 271.

3 siehe Anm. 1 (S. 184–193) und S. 301–303.

4 ebenda, S. 301.

5 ebenda, S. 303.

6 zu den Pflanzennamen: Clemens Zerling: »Lexikon der Pflanzensymbolik«, Baden, München, 2007, S. 116; Karl Hiller, Matthias F. Melzig: »Die große Enzyklopädie der Arzneipflanzen und Drogen«, Erftstadt, 2007, S. 208; Prof. Dr. Heinrich Marzell: »Geschichte und Volkskunde der deutschen Heilpflanzen«, St. Goar, 2002, S. 57 ff.

7 Guillaume Apollinaire: »Dichtungen«, hrsg. v. Flora Klee-Palyi, München, 1978, S. 60.

8 Claude Levi-Strauss: »Ein kleines mythisch-literarisches Rätsel« in »Der Blick aus der Ferne«, übersetzt von Hans-Horst Hänschen u. Joseph Vogel, Frankfurt/M., 1993, S. 316–325.

9 ebenda, S. 318.

10 vgl. Platon: »Symposion« (189c–193d) in »Meisterdialoge«, übersetzt von Rudolf Rufener, Zürich, 1986, S. 129–131.

11 Ovid: »Metamorphosen«, 7. Buch, v. a., übersetzt von Erich Rösch, München, 1999, S. 180–181.

12 William Shakespeare: »Macbeth«, übersetzt von Frank Günther, Gesamtausgabe Bd. 6, Cadolzburg, 2001, Akt IV, Szene 1, S. 125.

13 C. Plinius Secundus d. Ä.: »Naturkunde«, Darmstadt, 1996, Buch XXV, S. 170.

14 siehe Anm. 11.

15 Hildegard von Bingen: »Naturkunde«, Salzburg, 1989, S. 26.

16 vgl. Gustav Schenk: »Das Buch der Gifte«, Berlin, 1954, S. 14–15.

17 Karl Hiller, Matthias F. Melzig: »Die große Enzyklopädie der Arzneipflanzen und Drogen«, Erftstadt, 2007, S. 208.

18 siehe Anm. 1 (S. 191–192).

Farn und Moos
Der Märchenwald

»Zwielicht«

»Dämmrung will die Flügel spreiten,
Schaurig rühren sich die Bäume,
Wolken ziehn wie schwere Träume –
Was will dieses Graun bedeuten?«
(Joseph Freiherr von Eichendorff, 1815)

»Ich weiß einen Wald, den niemand kennt.«
(Hermann Löns)[1]

Farne und Moose gehören zu den persistentesten Pflanzen in Raum und Zeit.

So allgegenwärtig und zeitlos sie sind, so tief verwurzelt sind sie im Aberglauben und im Märchen. Sie gehören zum Bild des Zauberwaldes, zur anderen Seite, auf die man wechselt, wenn man mit dafür geöffneten Sinnen den Wald betritt.

Das Hineingehen in den Wald – immer tiefer, dorthin, wo er am dicksten ist, bis man nicht mehr weiß, wo man sich befindet, die Verankerung im Vertrauten, Heimeligen verliert und keine Umkehr mehr bleibt, da die Wegmarkierungen, die Zeichen der Ordnung, hier nicht gelten – bedeutet, sich auszuliefern ans Unbekannte, Unheimliche dieser schwer zugänglichen und geheimnisvollen Welt, in der jede Erscheinung ein doppeltes Gesicht besitzt, jedes Wesen und jede Form bereit scheint, sich vor meinen Augen, wenn ich nur den Blick darauf richte, zu verwandeln, um mir Dinge zu zeigen, die mein Verstand nicht duldet.

Je tiefer ich in dieses zwielichtige Labyrinth vordringe, umso mehr spüre ich die Auflösung meines Ichs, das Durchgängigwerden der Grenze zwischen Innen und Außen. Eine Art Osmose tritt ein, das Wunderbare und Unmögliche diffundiert als Lösungsmittel und (er-) löst das Ich aus seiner Gebundenheit, aus seinem Käfig: das ist Verzauberung.

✳

In unseren Wäldern gibt es eine Vielzahl an Arten der mit dem schönen Namen *Kryptogamen* versehenen Sporenpflanzen Farne und Moose.
Das griechische Wort *kryptos* bedeutet verborgen und *gamos* Befruchtung. Der Name verweist auf das Geheimnis ihrer Fortpflanzung, ihrer Existenz, da sie weder Blüte noch Früchte entwickeln, sondern nur ihren fast unsichtbaren zauberhaft goldfarbenen Staub.
Es scheint, als hätte hier das magische Denken oder der Aberglaube nicht so genau zwischen den verschiedenen Erscheinungsformen differenziert, wie es dann die exakte Wissenschaft der Botanik tat, aber *das magische Denken* schuf dafür seine eigene – und in ihrem Bereich sehr konkrete – poetische Taxonomie fantastischer Beziehungen.

✳

Das medizinische Interesse, das die berühmten Autoren der Antike von Theophrast bis Plinius vor allem dem Wurmfarn (Dryopteris filix mas) entgegenbrachten, galt der Wirkkraft seines Rhizoms – auch *Teufelsklaue* genannt – gegen Eingeweidewürmer, was durchaus zutrifft, da die Wurzel einen Wirkstoffkomplex enthält (Rohfilicin), der das Nerven- und Muskelsystem der Würmer lähmt, sodass diese sich nicht mehr an der Darmwand festhalten können.[2]
Dieses Wissen schien im Mittelalter keine große Beachtung mehr gefunden zu haben, umso mehr gewann in dieser Zeit seine magische Wirkkraft an Bedeutung.
Hildegard von Bingen schrieb in ihrer »*Naturkunde*« einen ausführlichen Artikel über die apotropäischen Wirkkräfte des Farnkrautes: Der Farn vereitle des Teufels Spiel, das er mit den Menschen treibe, um sie

zu verwirren, er vertreibe die Phantasmen, da er »*wie die Sonne das Dunkle*« erhelle.

Die Äbtissin erwähnt bereits den geheimnisvollen Farnsamen und dessen Beziehung zur Sonne, seine auf- und erhellende Wirkung für Gedächtnis und Verstand.[3]

Einbildungskraft und Fantasie setzen dort an, wo etwas offensichtlich verborgen, für das gewöhnliche Sehen unsichtbar ist.

Wie konnte sich eine so stattliche Pflanze (die Wedel des Wurmfarns können bis zu 1,5 m hoch wachsen), die fast überall im Wald und an dessen Rändern auftritt, vermehren ohne sichtbare Blüte und Frucht?

Zum Unerklärlichen gesellt sich die Eigenart der Erscheinung.

Alle Arten des Farns – und dies gilt auch für die Moose – lieben Feuchtigkeit und Schatten, sie bevorzugen schwer zugängliche Standorte, das Zwielicht des dunkelgrünen Halbschattens der Laubwälder wie die Tannennacht des Nadelwaldes.

Im Frühjahr, wenn die anfangs schneckenförmig eingerollten Farnwedel hervorsprießen, ähneln sie einem Bischofsstab oder vielleicht doch eher einem Walpurgisstaberl, um sich dann in der Wärme des Sommers zu lanzettförmigen, zwei- bis dreifach gefiederten Blättern zu entrollen und aufzuspreiten.

Läuft man zu dieser Jahreszeit durch den kühlen Schatten der mächtigen Bäume, schwingen die Wedel federleicht im Wind, als fächelten sie die Luft, und zeichnen dabei ein filigranes Gitter, ein Spitzenmuster aus Sonnen- und Schattenflecken.

Seine Zaubermacht und das Geheimnis seiner Fortpflanzung offenbart der Farn aber nur in bestimmten Nächten, in der Johannis- und der Christnacht, den zwei Nächten der Sommer- und der Wintersonnenwende.

Die Johannisnacht ist – neben der der Heiligen Walburga gewidmeten – die Nacht im Frühsommer, in der sich besondere Energien konzentrieren, die dem Unsichtbaren und den dämonischen Kräften zur Erscheinung verhelfen. In dieser Nacht, zwischen Mitternacht und der ersten Stunde des neuen Tages, vollzieht sich das Wunder der *Farnblüte* und der Entstehung des *Farnsamens*.

Die Farnblüte, die noch niemand wirklich gesehen hat, da es sie in der botanischen Welt nicht gibt, ist ein umso bemerkenswerteres Phänomen.

Sie erhielt als Wunderblume ihren Platz im Märchen und bildet den Gegenpart zur *Blauen Blume*, denn ihre Blüte glänzt wie Gold und leuchtet wie Feuer.

Goldgelb und feuerrot: die Macht der Sonne und des Blutes vereinen sich in diesem Bild.

So ungeheuerlich wie ihre Erscheinung sind die Gaben ihrer Magie: Wer die Blüte oder den Samen des Farns gewonnen hat, dem gelingt einfach alles; was glänzt wie Gold, das führt zu verborgenen Schätzen, öffnet Türen und löst den Zauberbann wie im Märchen von *Jorinde und Joringel*: Jorinde ist in einen Vogel verwandelt und im Schloss gefangen, da träumte Joringel

> *»einmal des Nachts, er fände eine blutrote Blume, in deren Mitte eine schöne große Perle war … Des Morgens, als er erwachte, fing er an, durch Berg und Tal zu suchen … bis an den neunten Tag, da fand er die blutrote Blume am Morgen früh. In der Mitte war ein großer Tautropfen, so groß wie die schönste Perle … er … berührte die Pforte mit der Blume, und sie sprang auf.«[4]*

Auch das Kraut, das *»Zwerg Nase«* im gleichnamigen Märchen von Wilhelm Hauff ver- und auch wieder entzaubert, ist von ähnlicher Erscheinung:

> *»Die Stängel und Blätter waren blaugrün und trugen oben eine kleine Blume von brennendem Rot, mit Gelb verbrämt …«[5]*

Unsichtbares macht unsichtbar.

Der Samen des Farns – womit die winzig kleinen, auf der Rückseite der Wedel befindlichen Sori (Sporenbehälter) gemeint sind, die im Sommer aufbrechen und Sporen freisetzen, die dann wie Goldstaub zur Erde fallen oder wie ein goldener Tautropfen auf seinen Blättern funkeln – hat man ihn einmal gewonnen, macht unsichtbar, man erhält die berühmte Tarnkappe, versteht die Sprache der Tiere, hat keine Geldsorgen mehr und ist unverwundbar: hieb- und stichfest.[6]

Dazu kommt noch die Herstellung der Freikugel, eine Kugel, die immer trifft, allerdings nur mithilfe des Teufels, denn wer dieses Teufelszeug von Samen gewinnen will, der muss mit dem finsteren Gesellen ins Geschäft kommen, und zwar auf folgende Weise: An *Johanni*, also am 24. Juni, um Mitternacht begebe man sich auf einen Kreuzweg, am besten in der Nähe eines Friedhofs gelegen, dort finden sich bald die Geister der Verstorbenen ein, die versuchen werden, den Farnsucher von seinem Vorhaben abzubringen. Auf keinen Fall darf man sich von ihnen verleiten lassen, etwas zu sagen, ja, es ist verboten, auch nur eine Miene zu verziehen, rührt man sich, wird man vom Teufel zerrissen, besteht man aber diese Zerreißprobe, erscheint der Leibhaftige in der Gestalt eines Jägers (eine Figur, die im Zusammenhang mit Farn und Moos noch öfter erscheinen wird), der dem Prüfling den Samen in einer Tüte überreicht.

Ein anderes Rezept besagt, man solle in der genannten Nacht einen Kreis (Schutzraum) um eine Farnpflanze ziehen und darin verharren, bis die Geisterstunde schlägt. Unter den Farn lege man ein weißes Hemd, ein Messtuch oder die Blätter der Königskerze, wenn dann der Farn erblüht, so falle auch kurz darauf schon der Samen auf das Tuch, dieser Vorgang wird von Blitz und Donner dramatisch gesteigert und außerhalb des Kreises warten die Dämonen.

Als Vorleistung für das Gelingen des Rituals wird die Respektlosigkeit vor Gott gefordert: Fluchen in der Adventszeit anstatt gottgefälliger Andacht.

Ein anderer Brauch macht den Prüfling selbst zum Jäger: James George Frazer berichtet von einem Jäger, der um genau zwölf Uhr mittags an *Johanni* nach der Sonne schoss. Es fielen drei Tropfen feurig roten Bluts auf die Erde, die sich in Farnsamen verwandelten: feurig und rot als »*Emanation des Sonnenfeuers an den beiden Wendepunkten ihrer Bahn.*«

Der Farnsamen als »*Blut der Sonne*«.[7]

Das *Auf-die-Sonne-* oder *In-den-Himmel-Schießen* verbindet die Gewinnung des Farnsamens mit der Gabe oder dem Rezept zum Gießen der Freikugel, denn auch hierbei soll als Vorleistung auf etwas *Heiliges* geschossen werden: eine Hostie, ein Bild Christi oder eben in den Himmel, so ist das Blut der Sonne auch das Blut Christi.

Die Gewinnung einer zauberkräftigen Kugel, die nie ihr Ziel verfehlt, wurde berühmt durch die Oper »*Der Freischütz*« von Carl Maria von Weber (1786 – 1826).

Freischütz nennt man den Besitzer einer solchen Kugel, der mit dem Teufel in Gestalt des *Grünen* oder des *Wilden Jägers* einen Pakt geschlossen hat.

Schauplatz des dramatischen Höhepunktes, das Gießen der Freikugel, ist ein verwunschener Ort, eine verrufene Schlucht im finstern Wald, wo zur Mitternacht *Samiel* begleitet von grauenerregenden Naturgewalten: Donner, Blitz und unheimlichen Stimmen – *Das Wilde Heer* oder *Die Wilde Jagd* zieht über sie hinweg – erscheint, dem Ritual des Kugelgießens beiwohnend. Zu diesem Prozedere gehörten stets Farnsamen oder ein Stück des *Johannishändchen*, der Wurzel des Farns.

Der Glaube an die magischen Wirkkräfte des Farmsamens hielt sich lange und hartnäckig, taucht in Hexenprozessen auf und wurde noch 1612 durch die »*2. Synode von Ferrara*«[8] justiziabel, wer den Samen erwarb und anwandte, dem drohte sogar die Todesstrafe.

Das *Unsichtbarwerden* hingegen geschah meist ohne das Wissen des Betroffenen. Die Ahnungslosigkeit war geradezu eine Bedingung, damit dieser Zauber sich ereignete. Wem in der Johannisnacht, während er durch den Wald lief, Farnsamen in die Schuhe oder in eine Falte seiner Kleidung fiel, der wurde unsichtbar, bis er die Schuhe oder die Kleidung wechselte oder sie ausschüttelte.

Ein ähnliches Phänomen ist das Irregehen, die Verwirrung und Orientierungslosigkeit, verursacht durch die Pflanze *Irrwurz* oder Irrkraut, die unter anderem auch mit dem Farnkraut identifiziert wurde.

Tritt jemand auf die Pflanze *Irrwurz*[9] oder riecht nur einmal daran, der weiß nicht mehr, wo er sich befindet und wie er nach Hause kommen soll.

So erging es auch Jorinde und Joringel, die auf ihrem Waldspaziergang in den Bann der Zauberin gerieten:

> *»Es war ein schöner Abend, die Sonne schien zwischen den Stämmen der Bäume hell ins dunkle Grün des Waldes ... Sie waren so bestürzt, als wenn sie hätten sterben sollen; sie sahen sich um, waren irre und wussten nicht, wohin sie nach Hause gehen sollten ...«*[10]

Vielleicht gab es oder gibt es Farne mit bewusstseinsverändernden Wirkstoffen, die man durch Berührung oder das bloße Riechen daran aufnimmt, oder mit dem Irrkraut ist eine andere Halluzinogene des Waldes gemeint, das Gefühl der Schwermut gehört auch zum Erscheinungsbild z. B. eines Nachtschattenrausches.

All diese unsichtbaren Kräfte des Waldes, mit denen der Farn in Verbindung gebracht wird, korrespondieren durchaus mit dem ästhetischen Reiz, den der Anblick dieser Pflanze in uns auslöst: Das filigrane Netz ihrer federleichten Schwingen, das einer Feder oder einem Flügel ähnelnde Blatt, der Farnwedel.

Das altindische Wort *parna* – ursprünglich mit dem deutschen Wort Farn verwandt – bedeutet Feder und Blatt, aber auch *pteron* (das griech. Wort für Farn) hat diese Bedeutung. Durch die Assoziation des Federleichten, des Fliegens, gelangte der Farn auch in die Rezepturen der Hexen-Flugsalben, Hexenfittich heißt er deshalb auch oder *Fuchsschwanz*, auf dem die Prinzessin in den Wald verführt wird:

*»So kam der Fuchs in das Schloss und sagte zu dem Mädchen:
›Setz dich auf meinen rauen Schwanz, Hurleburlebutz! Hinaus in den
Wald!‹«*[11]

✳

Auf der einen Seite hat der Farn seine Wurzeln im Reich der Dämonen, andererseits aber verscheucht er sie, bietet Schutz vor Zauber und Verhexung, vor Nachstellungen des »Grünrocks«, Blitzschlag und anderen Heimsuchungen und Katastrophen und wurde aufgrund der Abgeschiedenheit und Einsamkeit seines Habitats wie der Bescheidenheit seines Auftretens ohne die eitle Zier von Blüte und Frucht zum christlichen Symbol der Demut, des zurückgezogenen, dem Schweigen und der stillen Einkehr gewidmeten Lebens der Eremiten. Eine Waldeinsamkeit wie sie der Maler Mathis Gothart Nithart (1475 – 1528), Grünewald genannt, auf dem linken Flügel seines Isenheimer Altarbildes dargestellt hat:

Man sieht auf diesem Einsiedlerbild die Heiligen Antonius und Paulus umgeben von einer verwunschenen, den Eremiten freundlich gesinnten wilden Natur. Ein scheues Reh ruht zu Füßen des Heiligen Paulus und während die beiden Männer lebhaft disputieren, bringt ihnen ein Rabe das Brot. Die Tiere des Waldes sorgen für die Menschen, die sich ihnen vorbehaltlos anvertrauen.

Die Zauberwesen des Waldes aber sind ambivalent, ein falscher Schritt, eine unbedachte Handlung genügen, um Schutzgeister in Dämonen zu verwandeln, verführerisch, aber auch oft tödlich wie die Pflanzen, die ihnen zugehören.

Ein unauffälliger, eigentlich harmloser Farn ist »Adiantum capillus-veneris«, der »*Frauenhaarfarn*«.[12]

Er diente in der Antike als Haarpflege- und Färbemittel und verlieh dem Haar einen seidigen verführerischen Glanz. Das *Venushaar* galt deshalb auch als Aphrodisiakum.

Es wuchs an den Quellen der Najaden, der griechischen Quellnymphen, die dank dem unwiderstehlichen Glanz ihrer Haare junge und schöne

Männer zu ihren Quellen lockten und mit sich in die Tiefe ihres Gewässers zogen, aus dem diese nie wieder auftauchten.

Tun und Wider-tun, Zauber und Gegenzauber vereint das magische Denken meist in einer ambivalenten Form, wie in der Natur sich Heil- und Giftwirkung oft in derselben Pflanze findet.

Der Frauenhaarfarn wurde auch *Widerton* oder Widertod genannt, da er nicht nur über verschönende, sondern auch über verjüngende Kräfte verfügte, wider den Tod lebensverlängernd wirke. Der Name Widerton aber, den er sich mit anderen Pflanzen teilen muss, beutet wider das Antun, das Anhexen. So heißen diese Pflanzen auch Beruf- oder Beschreikräuter.

Die Priorität auf das Tragen des Namens *Widerton* besitzt jedoch das *Goldene Frauenhaar*, das Goldhaar des Waldes, das Widertonmoos, dessen Stängel bei ausreichender Feuchtigkeit einem Miniaturtannenbaum gleichen. Sein griechischer Name *Polytrichum* heißt Vielhaar und bezieht sich auf die Kalyptra, das Haarmützchen, das die Pflanze über ihrer Sporenkapsel wie ein Tarnkäppchen trägt und an feines, wie Gold schimmerndes Frauenhaar erinnert.

Die Kapsel sitzt auf einem dünnen Stängel, goldgrün wie der Sporenstaub, den die kleine Kapsel bei Berührung freigibt, nachdem sie ihre Haarmütze abgestreift hat.[13] Auch wurde die Ähnlichkeit der Sporenkapsel des Frauenhaarmooses mit einem Gerstenkorn erkannt und so bekam es die Namen: Holzgerste, Teufelskorn, Gerste der Waldgeister, Kuckucks-, Hasen- oder Wolfsgerste verliehen.

Das Frauenhaar und andere Moosarten bilden überall im Wald, wo es genug Feuchtigkeit und Schatten für sie gibt, blaugrün bis gelblich grün schimmernde samtweiche Polster, diese speichern das Regenwasser und geben es bei Trockenheit dem Wald zurück – und welch ein Genuss ist es, an heißen Sommertagen barfüßig über diesen Teppich aus samtig kühlem Grün zu laufen.

Im Winter hingegen, wenn das schützende Laubdach der Bäume verschwunden ist, beginnt das grüne Feuer der Moose zu leuchten, den Boden, Baumstümpfe und -stämme, vor allem das Todholz mit ihrer gelb- bis smaragdgrünen Haut umhüllend. Auf dem Boden liegende Stämme und Äste sind wie einige Stümpfe vollkommen bedeckt mit dieser samtig seidigen Schicht, versucht man, das Moos abzulösen, so löst sich mit ihm die Rinde, es gehört bereits zur Haut der Bäume und der Steine, deren Patina sie bilden, denn die Moosschicht macht sie nicht alt, sondern kostbar.

Moos ist jenseits des Alters, es scheint, als wäre es schon immer da.

Mit Moos bewachsen ist auch die Haut des *Wilden Mannes*, ein Walddämon wie die Waldleutchen oder Waldweiblein und Waldmännlein, die auf Bäumen leben und aus Moos ihre Hütten bauen. Sie haben Angst vor dem *Wilden Jäger* und bitten die Holzfäller, Kreuze in Baumstümpfe zu schlagen, auf denen sie dann Schutz finden. Einige von ihnen sind die grauen Männlein, die den Ratlosen oder Verirrten im Märchenwald erscheinen und ihre Dienste anbieten, andere aber verfolgen die Menschen und erschrecken sie, denn manchmal sind sie auch grün und Grün ist auch immer ein wenig die Farbe des Teufels.

*

Ohne Farn und Moos gäbe es das Phänomen des Märchenwaldes nicht. Sie wachsen in den unteren Regionen des Waldes, im Schatten der Kronendächer, zwischen den Stämmen, sie gehören zum Unterholz, dienen als Versteck, geben Schutz vor Sonne und Kälte.

Die Anmut der Farnwedel liegt in ihrer Zartheit und Zerbrechlichkeit, die des Mooses in seiner bescheidenen Sanftheit, seiner Angepasstheit an Untergrund und Umgebung. Sie laden ein, sich niederzulassen, auszuruhen und zu träumen, wirken aber gleichzeitig fremd und geheimnisvoll, wie es Anette von Droste-Hülshoff in ihrem Gedicht *»Im Moose«* schildert:

> *»Da lag ich einsam noch im Waldes Moose,*
> *Die dunklen Zweige nickten so vertraut, …«*
> *doch endet der Traum »Im Moose« mit einem Schrecken:*

»Ich fuhr empor und schüttelte mich dann,
Wie einer, der dem Scheintod erst entrann, ...«[14]

Farne und Moose entstammen der Frühgeschichte der Entwicklung der Arten, das Gedächtnis vieler Erdzeitalter in sich tragend, gleicht ihre Aura der alter Bäumen. Sie wachsen nicht an unheimlichen Orten, sie verunheimlichen diese in eine fremd-vertraute, verführerisch-ver-wunschene Welt.
Was aber sehen wir in diesem Bild?

Warum ist dieser Ort im Märchen stets der magische Raum der Ver-wandlung – die Wildnis, das Chaos des Anfangs – an dem jeder einmal zurück muss, der sein eigenes Wesen kennenlernen will?
Wer das Fürchten lernen will, muss dort hinein, ins Zwielicht, ins Un-terholz, vom Weg ab, zwischen die Dornen und immer tiefer, bis er auf das Irrkraut tritt, das ihm die Orientierung nimmt und den Rückweg verhindert. Er gerät in den Bannkreis der Dämonen, bis er, vollkom-men verloren, auf die Hilfe anderer Wesen angewiesen ist, von deren Existenz er bis dahin keine Vorstellung und keinen Begriff hatte und die nun sein letzter Funke Hoffnung sind, jemals aus dieser Dunkelheit wieder herauszufinden.
Der Wald, magischer Initiationsraum des Menschen, Sphäre des Unbe-wussten und der Mythen, in dem Zeit und Raum sich neu verbinden und das Vergängliche sich ewig wiederfindet, doch

»Manches bleibt in Nacht verloren –
Hüte dich, bleib wach ...« und träume!
(Joseph Freiherr von Eichendorff, »Zwielicht«)[15]

»Mein Märchenwald will mir sein schönstes Märchen schenken,
den Traum von dem,
was nicht werden wird.«
(Hermann Löns, »Der Märchenwald«)[16]

Anmerkungen und Literatur

1 Hermann Lös: »Das Lönsbuch«, Hannover, 1910, S. 129.

2 Karl Hiller, Matthias F. Melzig: »Die große Enzyklopädie der Arzneipflanzen und Drogen«, Erftstadt, 2007, S. 271.

3 Hildegard von Bingen: »Naturkunde«, Salzburg, 1989, S. 26.

4 Gebrüder Grimm: »Kinder- und Hausmärchen«, Bd. I, Nr. 69, Stuttgart, 2001, S. 365–366.

5 Wilhelm Hauff: »Sämtliche Märchen«, Stuttgart, 1826, S. 159.

6 Zum Farn- und Farnsamenaberglauben vgl. Prof. Dr. Heinrich Marzell: »Geschichte und Volkskunde der deutschen Heilpflanzen«, St. Goar, 2002, S. 36–39.

7 James George Frazer: »Der goldene Zweig«, Bd. II, Frankfurt/M. 1977, S. 1024.

8 siehe Anm. 6 (S. 37).

9 Hans Bächtold-Stäubli: »Handwörterbuch des deutschen Aberglaubens«, Bd. IV, Berlin, New York, 2000, S. 778.

10 siehe Anm. 4 (S. 364).

11 siehe Anm. 4, Bd. III, Anhang 10, S. 527.

12 Holger Lundt: »Im Garten der Nymphen«, Mannheim, 2012, S. 29–30.

13 vgl. Helmut Genosst: »Etymologisches Wörterbuch der botanischen Pflanzennamen«, Hamburg, 2012, S. 500.

14 Annette von Droste-Hülshoff: »Gedichte und Prosa«, Zürich, 1998, S. 28–29.

15 Joseph Freiherr von Eichendorff: »Gesammelte Werke« 1. Bd., Bertelsmann Lesering, ohne weitere Angaben, S. 22.

16 siehe Anm. 1, ebenda.

Der Fingerhut
Digitalis purpurea
Eine Studie in Purpur

»Was zu dem einen: Ich bin Grube! spricht,
Sagt zu dem andern: Ich bin Glanz und Dauer!«
(Charles Baudelaire, »Alchemie des Schmerzes«)[1]

Gattungsname und Epitheton: Digitalis purpurea (Purpurroter Fingerhut) auf Form und Farbe verweisend, wissen sie noch nichts vom zwiespältigen Wesen dieser Pflanze, die zu dem Schönsten und Giftigsten gehört, was die europäische Pflanzenwelt an Phyto-Pharmaka zu bieten hat.

Sie liefert ein klares Exempel für den Satz des Paracelsus:

»all ding sind gift / und nichts ohn gift / Allein die dosis macht, das ein ding kein gift ist.«[2]

Hier halten sich Gift- und Heilwirkung die Waage, sind nur durch einen kleinen Dosierungsfehler voneinander getrennt und beides: Heilkraft und tödliches Unheil richten sich auf das Zentrum des Menschen: sein Herz.

Den Namen Digitalis besitzt die Pflanze erst seit 1542 und er geht zurück auf das lateinische Wort *digitale*, zu Deutsch *Fingerhut*, das Handwerkszeug des Schneiders, das den Finger schützt vor allzu spitzen Stichen. So schützen und stärken seine Wirkstoffe, v. a. die Herzglykoside Digitoxin und Digoxin, bei richtiger Dosierung das menschliche Herz.

Verweist der Gattungsname Digitalis oder Fingerhut auf die Form der Blüten, die allein durchaus beachtenswert ist, so ist es doch das Beiwort *purpurea*, das die bizarre Schönheit dieser Pflanze bezeichnet.

Welch königliche Farbe: Purpur! Ein nicht genau zu bestimmender Farbton zwischen geronnenem Blut und ätherischem Glanz.

Außerhalb des Spektrums der physikalischen Farben füllt er die für unsere Sinne nicht wahrnehmbare Lücke zwischen Rot und Blauviolett. Ihre Entdeckung verdankt diese Farbe jedoch dem Blut einer Meeresschnecke (murex), porphyra ist ihr griechischer Name.

Dieser Farbton vereint in sich Helligkeit und Dunkelheit, hell ist sie voll zarter Anmut (Goethe nannte sie *»Pfirsichblüt«*), dunkel voll Würde und Transzendenz, ihr schwarzes Leuchten entspricht der Undurchschaubarkeit des verborgenen Gottes christlicher Mystik, das unsichtbare jenseitige Licht, Feuer und Leuchten des Numinosen.[3]

Dieses Spiel des Farbenwechsels, das Changieren zwischen hellem Schimmer und tiefschwarzem Glanz, der Zauber schillernder Indifferenz – das Phänomen der Interferenzfarben –, wie man es auch auf einigen Schmetterlingsflügeln und Vogelfedern bewundern kann, verleiht diesem Farbton den Wert einer übersinnlichen Erscheinung.

In der Malerei wirkt er oft als Unruhefaktor, als ein bedrohlicher oder neurotischer Schatten, z. B. in den Bildern Vincent van Goghs und Edward Munchs, Farbe des Zweifels und der Zerrissenheit zwischen den Welten, dem Unten und Oben, der Erdenhaftung und der Sehnsucht nach Erhöhung. Zweifel und Zerrissenheit lassen das Herz höher und schneller schlagen, stören seinen Rhythmus, können es schwächen oder stärken, je nachdem, wie man zu dieser Veranlagung, diesem Talent, steht.

*

Die purpurroten Glocken des Fingerhuts leuchten von fern, vom Waldrand her, er erscheint auf halbschattigen Lichtungen oder Waldwegen in Buchen- und Fichtenwäldern.
Er ist nicht zu übersehen, einige Pflanzen erreichen eine respektable Höhe von bis zu 1,5 m. Der schlanke Stängel, sich aus einer Blattrosette erhebend, trägt die sich einseitig zum Licht wendende Blütentraube, unter deren Last er sich ein wenig nach vorne beugt.
Es gibt Exemplare mit weit über 50 Blüten.
An der Spitze des Stängels schieben sich die noch geschlossenen Blüten röhrenförmig aus den zierlichen Kelchen, am oberen Ende schmal und von weißlich grüngelber Färbung, erinnern sie mit ihrer plattgedrückten Glocke ein wenig an einen Schuh. Es sieht aus, als wollten sie sich nach oben biegen, erhalten sie aber ihre purpurrote Färbung, fallen sie nach unten und öffnen sich.
Jetzt zeigen die Blüten die bekannte längliche, leicht gebogene Glockenform, die den Namen Fingerhut verdient.
Die fünf Kronblätter sind wie bei den blauen Glockenblumen miteinander verwachsen, doch im Gegensatz zu diesen besitzt die Fingerhutblüte eine Vorder- und eine Rückseite, sie ist *zygomorph*, d. h. nur rechts und links symmetrisch. Die oberen Kronblätter der uns zugewandten

Blüte weisen außen oft helle Streifen auf und sind am unteren Rand nach oben gerollt, wohingegen die Rückseite der Blüte außen öfter weiß gefleckt ist, auch ist sie länger als die Vorderseite, zungenförmig schiebt sie sich nach vorn, mit nach hinten gerollten Zipfeln.

Wir beugen uns und schauen von unten in den weit geöffneten Schlund und auch dieser Einblick birgt noch eine Überraschung, er zeigt das ganz besondere Fingerhutmuster: weiße runde Flecken auf purpurrotem Grund, in denen noch kleinere dunkelpurpurne Punkte erscheinen.

Diese *Augen* finden sich auch auf Blüten und Blättern wild wachsender Orchideen oder auf Schmetterlingsflügeln, sie werden bei Pflanzen als Saftflecke bezeichnet, unsere Pflanze verdankt ihnen den Namen *Tränentopf*.

Da die Blüte keinen wirklich bemerkenswerten Geruch verströmt, sollen diese Tupfer vielleicht Insekten locken, gleichzeitig aber verhindern feine Härchen auf der Innenseite der unteren Blüte, der Landefläche, dass hier Krethi und Plethi eindringen können. Nur die Hummeln sind geladen.

Sind die Blüten abgefallen, bilden sich aus dem Fruchtknoten die Samenkapseln, diese ähneln in Form und Haltung wieder den Knospen, sie haben eine besonders reizvolle und bizarre Form, eiförmig mit feiner Spitze und lang heraushängendem Sporn (dem Griffel) erinnern sie an die traumhaft verspielten gotischen Pflanzenformen in den Bildern des Hieronymus Bosch.

Sie enthalten winzig kleine Samenkörner, einen feinen dunklen Staub, den der Wind verbreitet.

Die Pflanzenblätter des Fingerhuts, die am Boden eine Rosette bilden, und am Stängel, den sie spiralförmig versetzt umwachsen, sich zur Traube hin verkleinernd, sind von dunkel- bis graugrüner Farbe, eiförmig, spitz zulaufend, mit runzeliger Oberfläche und gekerbten Rändern. Sie wirken unscheinbar gegenüber der weit sichtbaren Blütenpracht des zweiten Jahres und doch sind es die Laubblätter der Pflanze, obwohl alle Teile giftig sind, die für uns die herzwirksamen Substanzen bereithalten.

So sehr die schlanken, stolz aufgerichteten Stängel mit ihrer purpurroten Traube auch die Blicke auf sich ziehen, für einen fröhlich bunten Sommerblumenstrauß scheinen sie eher nicht geeignet, Spaziergänger machen lieber einen Bogen um die Fingerhutplätze oder gelangen gar nicht zu ihnen, denn sie stehen selten mitten auf der Wiese. Der Fingerhut bevorzugt den höher gelegenen Wald, leuchtet von steilen Hängen herab oder schimmert im Zwielicht des Übergangs zwischen Wiese und Wald.

Am eindrucksvollsten erscheinen die Pflanzen vor dem Dunkel des Waldes, hier strahlt der Purpur in vollem Glanz, verführerisch warnend, als wollten sie uns in den Wald hineinlocken und gleichzeitig mit kühlem Charme fernhalten.

Ihr Reiz ist von melancholisch verwunschener Art, und ähnelt die einzelne Blüte nicht ein wenig dem Hut eines Zauberers, auch wenn es nur sein Fingerhut wäre?

Sein Standort ist unsicher und nicht verlässlich, oft erscheint er zwei bis mehrere Jahre an einer Stelle, dann verschwindet er und taucht an anderer, wo er noch nie war, wieder auf, zahlreich, in lockeren Gruppen, dem Auge angenehm verteilt, wirken diese Plätze absichtsvoll und gut geplant.

So mag es verwundern, aber der Fingerhut gehört nicht zu den berühmten Zauberpflanzen, er war der antiken Welt unbekannt, fand keine Verwendung in Medeas Hexenkessel, stand nicht unter dem göttlichen Schutz und Einfluss der Hekate und war auch im Mittelalter kein Bestandteil der Hexensalben, die zu deren Flug- und Verwandlungskünsten dienten.

Gemordet wurde zwar im Alten Rom auch mit Herzglykosiden, doch diese stammten nicht vom Fingerhut.

In der einschlägigen Literatur über Zauberpflanzen und Hexenkräuter wird dieser manchmal mit dem *Blauen Eisenhut (Aconitum napellus)* verwechselt, mit dem er nicht einmal verwandt ist, sie stammen aus

unterschiedlichen Familien, der Letztgenannte ist ein Hahnenfußge-
wächs, der Fingerhut gehört zu den Braunwurzgewächsen.
Allerdings erhielt dieser im Egerland den Namen *Eisenhut*.
Der Blaue Eisenhut oder Sturmhut aber war neben Tollkirsche und
Geflecktem Schierling der Star unter den Meuchelmördern aus dem
Pflanzenreich und er war es auch, mit dem die im Umgang mit Gif-
ten talentierte Medea ihre Rivalin Glauke durch ein mit Gift getränk-
tes Kleid ermordete (ihr Hochzeitsgeschenk), denn das Aconitin, der
Wirkstoff des Eisenhuts (ein Alkaloid), wird auch von völlig unbeschä-
digter Haut gut aufgenommen und erzeugt auf dieser die unterschied-
lichsten Empfindungen: vom leichten Kribbeln bis zum Feuer gleichen
Brennen, je nach Dosis und Gebrauch.
So wurde er zum Bestandteil der Flug- oder Verwandlungssalbe der
mittelalterlichen Hexen, denn das Kribbeln auf der Haut verdichtete
sich im Rausch zur Halluzination des Wachsens von Federn oder eines Haarpelzes, Letzteres kündigte die Verwandlung in einen Wer-
wolf an.[4]

Der Fingerhut jedoch kam nicht vom Mittelmeer und auch nicht von
der Schwarzmeerküste zu uns, sondern über den Nordatlantik, und
diente in Irland und auf den Britischen Inseln den Elben und nordi-
schen Feen als Schmuck oder Versteck sowie den Heilkundigen, die die
Blätter der Pflanze aber nur zur äußeren Anwendung gebrauchten.[5]
In England gut verbreitet und als Gartenpflanze beliebt, aber auch ge-
fürchtet, nennt man ihn *Foxglove (Fuchshandschuh)* oder *Dead Men's
Bells (Totenglocke)*.
Also doch ein Mörderfinger?

Der Fuchs gehört, wie man weiß, ebenfalls zu den zweifelhaften Wesen. Seine List und Schlauheit mögen manchmal teuflisch sein, aber
er ist auch ein Vermittler zwischen Diesseits und Jenseits, ein Trickser,
ständig wechselt er seine Gestalt, taucht plötzlich auf und scheint schelmisch zu lächeln, wenn er einen Menschen sieht. Er passt hervorragend

zum Fingerhut und man kann sich gut vorstellen, wie sein hübsches
und spitz-findiges Gesicht zwischen den Fingerhutstauden auftaucht
und ebenso schnell wieder im Dunkel des Waldes verschwindet.

∗

Zufall ist es sicher, dass der Botaniker, der den Fingerhut zum ersten
Mal beschrieb, eine Abbildung hinzufügte und ihm den Namen Digitalis verlieh, mit Familiennamen Fuchs hieß, Leonhard Fuchs, und
er tat dies 1542.[6]

1753 übernahm diesen Namen Linnée, aber erst 1785 entdeckte der eng-
lische Arzt W. Withering die Wirkung der Digitalis gegen Wassersucht,
und davon ausgehend erforschte man die Pflanze näher und isolierte
schließlich 1867 u. a. das Herzglykosid Digitoxin[7], damit begann die Kar-
riere des Fingerhuts oder besser der Digitalis als meist verwendetes Herz-
medikament und in seltenen Fällen als spektakuläres Mordmittel.[8]

Dem Morden mit Digitalis fehlt jedoch der mythisch-magische Hintergrund, die Zaubermacht der antiken Vorbilder, den zum Beispiel
Tollkirsche oder der Blaue Eisenhut besitzen. Auch werden die Morde
meist mit dem Medikament, dem isolierten Wirkstoff, und nicht mit
Bestandteilen einer Pflanze verübt.

Das bringt dem Mörder einen Vorteil. Vermutet man einen Giftmord
durch Pflanzengift, so sucht man vorrangig nach Alkaloiden und diese
sind leicht nachweisbar. Herzglykoside sind natürlich auch nachweisbar, geraten aber nicht so schnell unter Verdacht.

Besonders dann, wenn das Opfer sowieso wegen einer Herzinsuffizienz
mit Digitalis über einen längeren Zeitraum behandelt wird, so ist das
Mehr, die tödliche Überdosis, nicht immer nachweisbar, einmal, weil
das sogenannte therapeutische Fenster sehr schmal ist und es deshalb
auch immer wieder zu tödlichen Vergiftungs-Unfällen durch Dosierungsfehler kommt, zweitens soll der Digitoxin- oder Digoxingehalt
nach einigen Tagen post mortem nicht mehr oder nur schwer nachweisbar sein.

Bedeutsam ist auch, dass der Giftstoff im Körper gespeichert und nur sehr langsam ausgeschieden wird, was das Vergiften auf Zeit ermöglicht.

Auch in Agatha Christies giftreichen Kriminalromanen wird ein Mord an einem herzkranken Mann mit Digitalis geplant, und es ist wieder einmal Miss Marple, die diesen Plan verhindert.[9]

Die Beschreibung eines gelungenen Mordes mithilfe des Purpurroten Fingerhuts, d. h. mit Bestandteilen der lebendigen Pflanze, finden wir in Victor Gunns Kriminalroman um ein Erpresserpärchen, dem er auch den Titel »Roter Fingerhut« (im Original »Dead Men's Bells«) verliehen hat. Er spielt in einer englischen Kleinstadt und obwohl hier der Fingerhut in vielen der sicherlich sehr gepflegten Vorgärten wächst, verdächtigt niemand so schnell diese Pflanze.

Lieber glaubt man an eine Fleischvergiftung, denn zu den Akutsymptomen gehört heftiges Erbrechen, und da das Opfer, ein Polizeichef a. D., an zu hohem Blutdruck und Magenbeschwerden litt, diagnostizierte man vorschnell eine *natürliche* Todesursache.[10]

Ich hebe das Wort *natürlich* hier hervor, da der Tod durch eine Gift-Pflanze – in diesem Fall waren es die fein geraspelten Blätter des Fingerhuts, die die Täterin über ein mit indischem Curry überwürztes Fleischgericht streute, sodass der brennend bittere Geschmack dieser Blätter vollkommen überdeckt wurde – im weitesten Sinne tatsächlich ein natürlicher ist, was John Cage (Komponist und Pilzkenner) einmal über eine Pilzvergiftung aussagte.

Die akuten Vergiftungserscheinungen betreffen Magen und Darm und äußern sich durch Erbrechen, Übelkeit und Durchfälle. Die kardialen Symptome wie Pulsverlangsamung bis kaum noch fühlbar über Herzrhythmusstörungen mit Beeinflussung des Blutkreislaufs, Pulsbeschleunigung und wieder Absinken der Frequenz führen schließlich zum Tod durch Herzstillstand. Dazu kommen Gefühle der Schwäche und Todesangst, begleitet auch oft von optischen Halluzinationen, psychotischen Zuständen und Delirien.

Aufgrund des Farbensehens, der Halluzinationen, wird der Fingerhut auch zu den psychoaktiven Giftpflanzen gezählt.

Die Autoren Michael *Wink, Ben-Erik van Wyk, Caroline Wink* vermuten, dass eine besondere Malweise Vincent van Goghs, er male Sonnen *»mit auffällig farbigen Halo«*, möglicherweise auf seine Digitalis-Therapie (Überdosierung) zurückzuführen sei.[11]

Der extrem bittere Geschmack der Pflanzenblätter des Fingerhuts, der auch durch das Trocknen der Blätter nicht verschwindet, verhindert meist die Verwechslung, doch reichen 2,5 bis 5 g davon zur Dosis letalis beim Menschen.

Vielleicht trägt das dunkle Purpur dazu bei, den englischen Volksnamen *Totenglocken* zu suggerieren, sodass man instinktiv zurücktritt und Abstand hält zu dieser Pflanze, denn in der Blumensprache bedeutet sie:

> *»Ich habe schon schlechte Erfahrungen gemacht!«*[12]

Die kalte melancholische Schönheit der stolz erhobenen Blütentraube warnt vor verborgenen Gefahren, die unserem Herzen durch Täuschung, durch trügerische Schönheit drohen, doch strahlen die weithin leuchtenden Blüten auch Erhabenheit, Stärke und damit Hoffnung aus. Die Digitalis ist eine dialektische Pflanze, die ihren Widersprüchen treu bleibt.

> *»Es ist ein seltsames Phänomen, das uns diese Pflanze bietet – ein Trieb*
> *zu Höherartung aus einer abwärts gerichteten Tendenz.*
> *Er wirkt wie ein Pflanze gewordenes Märchen.«*[13]

Anmerkungen und Literatur

1 Charles Baudelaire: »Die Blumen des Bösen«, übersetzt von C. Schmid, Frankfurt/M., 1976, S. 116.

2 Karlheinz Lohs, Dieter Martinetz: »Gift, Magie und Realität – Nutzen und Verderben«, Hamburg, 1986, S. 111.

3 vgl. Margarete Bruns: »Das Rätsel der Farbe«, Stuttgart, 2001, S. 170.

4 siehe Anm. 2 (S. 25–26).

5 vgl. Prof. Dr. Heinrich Marzell: »Geschichte und Volkskunde der deutschen Heilpflanzen«, St. Goar, 2002, S. 235.

6 ebenda.

7 siehe Anm. 2 (S. 113).

8 ebenda, S. 106–107.

9 Agatha Christie: »Die Tote in der Bibliothek«, Frankfurt/M., 2012.

10 Victor Gunn: »Roter Fingerhut«, München, 1960.

11 Michael Wink, Ben-Erik van Wyk, Caroline Wink: »Handbuch der giftigen und psychoaktiven Pflanzen«, Stuttgart, 2008, S. 325.

12 Clemens Zerling: »Lexikon der Pflanzensymbolik«, Baden, München, 2007, S. 85.

13 Werner-Christian Simones: »Medizinisch-botanische Wesensdarstellungen einzelner Heilpflanzen und Mysterienpflanzen«, Wiesbaden, 1991, S. 234.

Der Rote Fliegenpilz
Amanita muscaria
»Der Herr der Fliegen«

*»One side of the mushroom will make you smaller
and the other side will make you taller.«*[1]

Die Aussage, ein runder Pilzhut habe zwei Seiten, ist ein Paradox, sie stimmt und stimmt nicht.

Genauso wenig, wie man genau wissen kann, welche die eine und welche die andere Seite eines Kreises ist, kann man angeben, wie die Wirkkräfte des Fliegenpilzes in seinem Hut verteilt sind; jedenfalls nicht so wie die Geschmacksrichtungen in einer Pralinenschachtel.

Dieses Problem auf logischem Wege lösen zu wollen, bliebe ebenso erfolglos wie eine Diskussion mit einer Raupe über die Relativität von Groß und Klein.

Aber wir befinden uns ja auch im Wunderland, das Alice, einem weißen

Kaninchen folgend, durch dessen unterirdischen Bau betritt und in dem sie nun, dank dem Genuss eines Zaubertranks auf Raupengröße geschrumpft, einer auf einem Pilz sitzenden und eine »*hoopah-pipe*« rauchenden Raupe begegnet, die Alice, nach einem für das Mädchen frustrierend verlaufenden Gespräch, beim Weggehen, en-passant, mit ihrem oben zitierten Ratschlag das Geheimnis des Pilzes verrät, dessen Hut sie nun zum Verzehr freigibt.

Sie weist darauf hin, dass seine Wirkung von gegensätzlicher Art sein kann, eine Eigenschaft, die für den Fliegenpilzrausch bezeichnend ist. Alice macht das einzig Richtige, sie probiert.

> *»Now Alice didn't know how she could tell which side was which, but she reaches her hands around the mushroom … and took a little bit from each side. Then as she ate one side, she became even smaller, and she quickly ate the other piece, until she became nine inches tall.«*[2]

Nach diesem Experiment bewahrt sie die Stücke rechts und links in ihren Taschen auf und kommt mit diesem Hilfsmittel fast problemlos durchs Wunderland.

Ein Hilfsmittel, Hilfsgeist oder Medium war der Fliegenpilz schon für die Menschen des Neolithikums. Er gilt als die älteste halluzinogen wirkende Droge, die vor allem im eurasischen Raum seit ca. 7 000 Jahren als sakrale Substanz für die Rituale des Schamanismus genutzt wurde und immer noch genutzt wird. Von der Bedeutung des Fliegenpilzes für die Ausübung des Schamanismus der sibirischen Völker weiß man allerdings erst durch Reiseberichte des 18. Jahrhunderts, sein Verbreitungsraum ist jedoch sehr viel weiter und damit das Wissen um die Wirkkraft seiner Substanzen, und dieses reicht ebenso weit in die Zeit und mythische Vor-Zeit zurück.

*

Überall da, wo es feucht genug ist und seine Baumpartner wie Birke oder Koniferen wachsen können, findet man den Fliegenpilz, und überall, ob in Eurasien, Mexiko oder Japan, schätzt man ihn als einen besonderen, mit dämonischen Kräften versehenen Pilz.

Dies beruht auf seiner psychoaktiven, seiner bewusstseinserweitern-den, Halluzinationen hervorrufenden Wirkkraft, deren Ursprung bis heute nicht gänzlich aufgeklärt werden konnte, auch wenn man inzwi-schen die Substanzen isoliert hat und diese Wirkstoffe vorsichtig in der homöopathischen Medizin einsetzt. Aber was, unter welchen Bedin-gungen, wie wirkt, das vermag man nicht genau zu bestimmen und vorherzusagen. Dass dabei die individuelle Gestimmtheit – die Erwar-tungshaltung des Konsumenten – eine Rolle spielt, gilt für alle Drogen.

Für Neugierige gilt noch immer: Vorsichtig von der einen und dann von der anderen Seite ein kleines Stück probieren.

Wie sehr erregt doch das Ungeklärte, das nur unscharf oder ver-schwommen Wahrnehmbare die Fantasie.

Mutmaßungen über diesen Pilz schießen immer dann, wenn das geis-tige Klima wieder einmal besonders günstig ist, wie Pilze aus dem Bo-den und entfalten sich zu ungeheuerlichen Gebilden, die sich unglaub-lich fruchtbar verbreiten und vervielfältigen können.

Wer besessen ist von einer Theorie, der findet Beweise, und er betritt ein Wunderland, in dem sich alles zu erfüllen scheint, was die Fee ver-sprach.

Dennoch enthält jede Fiktion, und erscheint sie noch so obskur, einen Teil dessen, was wir als vorstellbar oder sogar als überzeugend betrach-ten: Ja, so könnte es (gewesen) sein.

Dass das Bewusstsein des Menschen, über dessen Bildungsgeschichte wir so wenig wissen, aber so viel spekulieren, durch die Wirkkräfte be-stimmter Pflanzen erweitert wurde und sich so weiter bilden konnte, ist für mich eine überzeugende These. Am Anfang gab es sicher noch nicht das Wort, aber aus Wahrnehmung und Erfahrung bildeten sich Symbole und sehr bald eine Vorstellung der eigenen Existenz, des kur-zen begrenzten Lebens und der Abhängigkeit vom Wohlwollen einer Leben gebenden und Leben nehmenden allmächtigen Natur.

Die Wunderwelt der Pflanzen, die nicht nur Nahrung spendete, sondern auch Substanzen, die verzaubern konnten, dass man sich von unbekannter, scheinbar übermenschlicher, geistiger und körperlicher Kraft erfüllt und erhoben fühlte, sich aber auch wieder zurückerinnern konnte in das Reich der Natur, die Sprache der Tiere verstand, eine Fähigkeit, von der selbst die Alten nur noch träumten. Diese Wesen, die eine so mächtige Gabe in sich bargen, konnten nur einem höheren Sein angehören. Ohne ein Wort dafür zu kennen, empfanden die frühen Menschen das Ereignis des Heiligen. Am Anfang war ein Rausch, eine Ekstase, eine Entrückung aus dem physischen Gefängnis des Körpers. Aus diesem Erlebnis des Mehr-sein-Könnens entsprang das metaphysische Bedürfnis: das Phänomen des Religiösen und gleichzeitig das des Zweifels, der Verneinung: des Denkens, denn Bewusstsein bedeutet auch Zerrissenheit und Sehnsucht nach der Erlösung daraus.

Zwischen dem höheren, unsichtbaren Sein und der Welt der Menschen muss vermittelt werden. Dafür wählt die Gemeinschaft stets besondere Menschen aus, denen durch Geburt oder ein Ereignis eine Gabe geschenkt oder verhängt worden ist, die sie befähigt, zu einem Vermittler, zum Schamanen zu werden; ihm ist die Kommunikation zwischen den höheren Wesen, den Menschen und den Ahnen, zwischen Himmel, Erde und dem Totenreich, aufgetragen. Die Aufrechterhaltung dieser transzendenten Verständigung ist die Voraussetzung nicht nur für die Heilung der Kranken, sie gewährt den Ausgleich zwischen Kosmos und Chaos, bestimmend für den Erhalt des Universums wie für das Jagdglück, die Versorgung der Menschen und den Frieden ihrer Gemeinschaft. Verschwinden die Tiere oder wird ein Mitglied der Gemeinschaft krank, muss der Schamane hinab oder hinauf, zur Herrin der Tiere oder zu anderen Geistern, die ein Opfer für die Freigabe der Tiere oder die Seele des Kranken verlangen.

Für diese Reise taugt der menschliche Körper nicht. Der Schamane braucht ein Medium und eine Technik, um »außer-sich« zu geraten. Er ist, wie es M. Eliade nennt, *»Ein Meister der Ekstase-Technik«.*[3]

Es gibt verschiedene Techniken für diese Form von Trance, die es ermöglicht, fliegen zu können: Durch körperliche Bewegung verbunden mit Fasten und Atemtechniken, mithilfe der Praktiken des Yoga, aber der Gebrauch psychoaktiver Pflanzen ist wohl immer ein unabdingbarer Bestandteil bestimmter sakraler Riten und Mysterien gewesen und ist es heute noch.

Da es im hohen Norden wenig psychoaktive Konkurrenz gab, wurde der Fliegenpilz zur Schamanen-Droge schlechthin. Die Birke stellt im eurasischen Raum den Weltenbaum dar, ein Symbol der Verbindung zwischen Himmel, Erde und Unterwelt.

Im Schutz dieses Baumes erscheint im Spätsommer meist in geheimnisvoller Kreisform angeordnet der Fliegenpilz.

Auch wer nicht weiß, was ein Pilz ist, kennt den Fliegenpilz, denn kaum eine andere Erscheinung (mit Ausnahme der Herbstzeitlosen) lenkt im Spätsommer so die Aufmerksamkeit auf sich wie diese mit weißen Punkten übersäten scharlachroten Kappen. Sie beschwören die Erinnerung an Märchenwelten und Kinderbücher herauf, wir sehen einen lustigen Zwergenreigen unterm Birkenbaum, denken an kleine Elfen, die in den Pilzen wohnen oder sie als Sonnenschirm benutzen. Wir sehen Alice, wie sie ihre Arme um den Pilzhut schlingt, und die Pfeife rauchende Raupe auf ihm sitzen. Der Birkenstamm wiederholt das lustige gesprenkelte Muster der rot-weißen Pilzkappe mit dem seiner weiß-schwarzen Rinde. Darüber schimmern goldgrün die Birkenblätter im warmen Licht der Herbstsonne, ein Zauber liegt auf diesem kleinen Stück Natur, der tief in unser Gedächtnis sinkt, doch ist das Bild von kurzer Dauer und in manchen Jahren eher selten zu finden.

*

Um die Flüchtigkeit dieser Erscheinung zu verstehen, hilft es, einen Blick zu riskieren auf die geheimnisvolle Welt der Pilze.

Pilze sind Wesen zwischen Tier und Pflanze.

Sie bilden ein eigenes Reich, das Reich des Unentschiedenen – des

Dazwischen – denn es wirkt, als wären sie auf einer Entwicklungsstufe stehengeblieben, ohne sich entscheiden zu können, wohin es denn nun gehen soll.

Die höchstentwickelte Klasse der Pilze, die Basidiomycetes (Ständerpilze), zu denen die Blätter- bzw. Lamellenpilze zählen, wie die Familie der *Amanitaceae*, der auch *Amanita muscaria* angehört, bedürfen der Erde, in der sie ihren Standort beziehen und unterirdisch mit ihrem Wachstum beginnen. Die Verankerung in der Erde haben sie mit den Pflanzen gemein. Doch im Gegensatz zur Urpflanzenform: Wurzel, Stiel und Blatt, die sich – außer dem Wurzelwerk – oberirdisch entwickeln, wächst der Vegetationskörper der Pilze unsichtbar im Schutz des Erdinnern heran. Sie entfalten sich im Verborgenen, *sans soleil*, ohne das für die Pflanzen unverzichtbare Sonnenlicht, besitzen kein Chlorophyll und betreiben keine Photosynthese.

Im Dunkeln spinnen sie ihre feinen Fäden, die miteinander kommunizieren, sich geschlechtlich verbinden und sich verweben zu einem dichten Geflecht: das *Myzelium*, der eigentliche Pilz, das sich wiederum mit dem Wurzelwerk der Bäume einlässt, sich mit diesem in Symbiose verbindend, ein für beide Seiten vorteilhafter Stoffaustausch.

Und erst dann, nachdem sie sich im Reich der Wurzeln und Mineralien etabliert haben, und wenn die Bedingungen günstig sind, entsenden sie ins Reich des Sichtbaren ihren unglaublichen Formenreichtum, der einer surrealen, paranoiden Fantasie entsprungen zu sein scheint, als wollten diese Wesen Kants Diktum erfüllen, dass sie Natur wie Kunst erscheine.

Zu diesen besonderen Zeiten also, wenn das Sonnenlicht ab- und die Feuchtigkeit zunimmt, beginnt der Wettstreit des skurrilen Designs, das Fest der grotesken Formen und Farben: schleimig amöbenhaft, lippenwülstig und zungenlüstern, fächer- oder gitterförmig, knollenartig oder schlank wie ein Regenschirm mit entsprechend wunderlicher, schriller oder dunkeltrüber Färbung schießen sie oft über Nacht hervor, grausig grotesk und närrisch wie eine sich selbst imitierende und parodierende Natur mit einem starken Hang zum Obszönen.

Neben Tintenfischen im Gras (Anthurus) ist es wohl der weithin stinkende *Phallus impudicus*, die Gemeine Stinkmorchel, mit seiner Nachbildung des männlichen Geschlechtsteils unserer Spezies, der besonders provozierend wirkt, so als wolle der Pilz mit dieser Mischung aus Fruchtbarkeitssymbol und Verwesungsgeruch die menschliche Sexualität als etwas längst Überholtes verspotten, denn die ihre ist weitaus mannigfaltiger, sie bevorzugen auch hier das Anamorphe, Abwegige und feiern Pseudohochzeiten.

Sie scheinen die Unterwelt nur verlassen zu haben, um ihren koboldhaften Schabernack, ihr absurdes Theater aufzuführen, doch das Motiv dieser Formenexplosion ist die Verbreitung ihres Samens, das, was der Pilzfreund als Schwamm bezeichnet, ist der Fruchtkörper angefüllt mit millionenfachen Sporen.

Mit diesen oft weithin sichtbaren Körpern kommunizieren sie mit der oberirdischen Welt und deren Wesen: Hier ist Nahrung, hier ist Gift. Unterirdisch aber gibt es die schon angesprochene chemische Kommunikation: *Mykorrhyza* heißt diese geheimnisvolle Verbindung zwischen Pflanzenwurzel und Pilz, diese unterirdischen Verträge des gegenseitigen Stoffwechsels, dieser Austausch von lebenswichtigen Substanzen, die jedem Teilnehmer das Weiterbestehen ermöglicht, sodass beide voneinander abhängig sind, zeigt sich dem Spaziergänger oder Pilzsucher nur in Form der Endprodukte einer gelungenen Allianz.

Die Fruchtkörper sind ephemere, flüchtige Erscheinungen, die zu Staub zerfallen, wenn man auf sie tritt, oder zusammensinken und verfaulen, nachdem sie ihren fruchtbaren Staub ausgesandt haben, der dann irgendwo in Form eines winzigen Spores wieder seine Fäden ins Erdinnere versenken kann. Alles ist Hyphe, alles besteht aus Zellfäden, die fähig sind, jedwede Form auszubilden, wie den Körper des – als schönster Pilz unserer Breiten bezeichneten – Fliegenpilzes.

Die Zellwände der Pilze sind aus Chitin, wie die Haut der Insekten, und das verbindet sie mit dem Tierreich, aber, was ihre Ernährung anbelangt, sind sie weder Produzenten wie die Pflanzen noch Konsumenten wie Tier und Mensch. Ihr Reich ist das der Destruktion, sie zerstören, lösen Formen auf, bauen ab, beseitigen Abfall, nisten sich aber auch in gesundem Gewebe ein und verursachen Krankheiten.

Vor allem aber sind sie Stoffverwandler, denn die Pilze gewinnen mithilfe bestimmter Enzyme aus organischem Material oder aus den Mineralien, den Schätzen des Erdreichs, Nährstoffe, die sie dann ihren Partnern, den Bäumen oder anderen Pflanzen, zur Verfügung stellen, und auch das Fleisch ihrer Fruchtkörper kann nicht nur schmackhaft, sondern auch nahrhaft sein, doch dieser Genuss kann Folgen haben, denn einige Pilze haben es wirklich in sich.

✳

Nach dieser Abschweifung, die meiner Ansicht nach notwendig war, um eine vage Vorstellung davon zu bekommen, mit welcher Art von Sein wir es hier zu tun haben, nähern wir uns nun dem Fliegenpilz. Als Ikone seines Reichs hat sein äußeres Erscheinungsbild, und zwar in allen Stadien seiner Entwicklung, eine Entsprechung in Mythos und Aberglaube, wo er noch heute, und sei es nur noch als Glücksbringer, was auf dem Glauben an seine apotropäischen, Dämonen abwehrenden Kräfte beruht, tief verwurzelt ist. Beginnen wir bei seiner Entstehung: Da Pilze überall in Verbindung mit Regen aus dem Boden sprießen, heißt es von den Fliegenpilzen, sie wachsen dort, wo ein Blitz eingeschlagen habe.

Das Scharlach- oder Menningrot seines Hutes wurde mit dem Feuer assoziiert und so mit den für das Feuer und dem dazugehörigen Wetterphänomen, dem Gewitter, zuständigen Göttern. Blitz und Donner gehören in der germanischen Mythologie zum Gott Thor, ein Sohn des Himmelsgottes Wodan / Odin, dessen achtbeiniges Pferd Sleipnir während der Wilden Jagd zur Wintersonnenwende auf die Erde geifert, und wo sein Speichel die Erde berührt und befruchtet, wachsen neun Monate später die Fliegenpilze. Dieser Ursprung des Pilzes aus göttlichem Speichel, neben der Vorstellung des Blitzeinschlags, findet sich auch im Glauben anderer Völker, oft gegeben ist auch die Verbindung zu einem Raben. Aus dem alten Ägypten stammt das Wort Rabenbrot für Pilz, in Odins Gefolgschaft gibt es ebenfalls zwei Raben, sie heißen Muninn (Gedächtnis) und Hugin (Gedanke), Hypostasen der göttlichen Psyche.

Das erste sichtbare Zeichen des Fliegenpilzes ist ein weißes Ei.
Auch andere Pilze, wie die schon genannte Stinkmorchel, beginnen mit dieser Form und teilen sich dafür die Bezeichnung *Hexenei*[4,] da man nicht sah, wie es gelegt wurde, konnte es nur das Werk des Teufels oder eines Gottes sein, denn es gab die aus der griechischen Mythologie stammende und durch die Orphiker weiter- und bis in die christliche Gnosis und Alchemie hineingetragene Vorstellung eines *Welteneies*, aus dem alles entstanden sei. Oder man nannte es Schlangenei, denn auch die Schlangen, Unken und Kröten gehörten zur zwielichtigen Welt des Verborgenen. Die warzige Haut der Kröten ähnelt den weißen Warzen des Fliegenpilzhutes, des Krötenstuhls, denn man glaubte, dass die Kröten, auf ihm sitzend, ihr Gift auf den Pilz übertrügen.
Tatsächlich nahm man an, dass das Bufotenin, das psychoaktive Gift der Krötenhaut, in ihm zu finden sei. Wenn überhaupt, ist es aber zu gering vertreten, um die Wirkung des Fliegenpilzrausches zu erklären.
Ich greife hier wieder vor, denn noch ist der Hut nicht entfaltet, bevor dies geschieht, muss der weiße Schleier (velum universale), der das Zauberei schützend umhüllt, zerreißen. Dies geschieht schon beim ersten zaghaften Aufschirmen zur orange- bis feuerroten kleinen Kugel, und davon, vom Zerreißen des äußeren Velums, bleiben die kleinen weißen Tupfer übrig, die dem Pilz sein so berühmtes Erscheinungsbild verleihen.
Breitet sich der Schirm dann weiter aus, so zerreißt auch die innere Schutzhaut (velum partiale), die die jungen Lamellen bedeckte.
Denn hier, unter dem Schutz des nun völlig entfalteten Schirmes, ist der Schatz verborgen, die millionenfache Fruchtbarkeit des Pilzes, das *Hymenium*, das dann zu gegebener Stunde den Sporenstaub entlässt.

Später biegt sich der äußere Rand des Hutes nach oben und das nun tiefe Rot erhält einen goldenen Schimmer. Dieses Bild erinnert durchaus an einen Kelch, aus dem die Elfen und Zwerge den *Zwergenwein*, das sich im Hut gesammelte Regenwasser, schlürfen, denn auch dieser Auszug soll noch Wirkstoff enthalten: Wird hier Wasser zu Wein?

Bevor es aber so weit ist, findet sich noch ein weiteres Bild, das der rote Pilzhut der Einbildungskraft vermittelt: die rote Zwergenmütze. Sie hat ein Vorbild in der Alten Welt. Es ist die *phrygische Mütze*[5], eine bis über die Schulter reichende kugelförmige Mütze mit nach oben gebogener Spitze. Sie soll im Mithraskult eine Rolle gespielt haben, dessen Mysterien, die dem griechisch-römischen Sonnengott persischer Herkunft geweiht waren, fanden in unterirdischen Räumen statt: in der Welt, die in Märchen und Sagen den Zwergen angehört.

Auch die Zwerge erscheinen wie die Pilze nur zu gegebener Stunde, um den Menschen zu helfen oder sie ins Verderben zu führen, sie sind die Beschützer der in der Erde verborgenen Schätze, der Mineralien und Edelsteine, die sie, wenn sie wollen, anderen Wesen zur Verfügung stellen, aber manchmal scheinen sie auch eifersüchtig auf die Menschen zu sein.
Rumpelstilzchen, ein kleiner Giftzwerg, der sich auf das Kräuterbrauen wie auf das Goldspinnen versteht, also über unermessliche Schätze verfügen könnte, lebt allein im Wald und wünscht sich etwas Lebendiges, das Kind der Königin, sein Name ist ein Rätsel, das niemand erraten darf, und als es doch geschieht, stößt er ein Bein tief in die Erde, um sich mithilfe des anderen selbst auseinanderzureißen. Der Aspekt des Einbeinigen, er hüpft um das Feuer, sein berühmtes Liedchen singend, auf einem Bein, bringt ihn mit einem Kinderlied in Verbindung, das ebenfalls eine Rätselfrage enthält: »*Sagt, wer mag das Männlein sein, …*«, das der Dichter Hoffmann von Fallersleben vielleicht doch der Hagebutte gewidmet hatte, aber immer wieder als Fliegenpilz-Hymne gesungen wird:

»Ein Männlein steht im Walde ganz still und stumm,
es hat vor lauter Purpur ein Mäntlein um.
Das Männlein steht im Walde auf einem Bein,

…

sagt, wer mag das Männlein sein?,
das da steht im Wald allein …«[6]

Heißt es vielleicht Rumpelstilzchen? Das kann uns nur der Teufel verraten, doch von dem wird erst später die Rede sein.

Zurück zum Pilz und zu seinem Bein: dem Pilzstiel. Vom Zerreißen des inneren weißen Schleiers bleibt am weißen Stiel eine Manschette übrig, die wie ein hübsches Halstuch oder ein weißer Kragen den oberen Teil des Stieles schmückt. An seinem unteren Ende verdickt sich dieser zu einer rundlichen Knolle, die ebenfalls ringförmig von weißen Warzen überzogen ist.

So sind es drei Farben, die das Erscheinungsbild und das Wesen des Fliegenpilzes bestimmen:

So rot wie Blut, so weiß wie Schnee, so schwarz wie Ebenholz …

Der Farbe Rot verdankt er seine apotropäische Funktion, Rot ist Warnung und vertreibt böse Geister, deshalb bringt der Fliegenpilz uns Schutz und darf sogar an den christlichen Weihnachtsbaum.

Rot ist die Farbe des Blutes, des besonderen Saftes, der Leben bedeutet, aber auch Tod. Beerdigt man die Toten in roter Erde, wie dies in früher Zeit geschah, so hofft man auf ihre Wiedergeburt.

Rot ist die Farbe des Feuers, auch des inneren, so wurde sogar der *Brennende Dornbusch* mit dem roten, durch den Blitz gezeugten Fliegenpilz in Verbindung gebracht.

Weiß bedeutet Reinheit, das unbefleckte Sein, doch ist es auch verbunden mit dem Grauen und dem Tod, der Totenblässe oder dem gespenstischen Weiß dämonischer Tiere, den Albinos wie »*Moby Dick*«, der Weiße Wal:

»Oder ist es, weil Weiß im Grunde … die sichtbare Abwesenheit jeder Farbe und gleichzeitig die Summe aller Farben ist. … eine farblose, allfarbige Welt ohne Gott, vor der wir zurückbeben.«[7]

Die Form eines jungen Pilzes, das Ei, lässt auch an eine aus der Erde kriechende weiße Schlange denken, auch die Schlangen sind Bewohner unterirdischer und höhlenartiger Verstecke.

Die Unke, was im Märchen Kröte oder Schlange bedeuten kann, gilt als Hexentier, aber sie erscheint auch als helfende Verbündete des Menschen, als Schutzgeist des Hauses, wenn auch nicht als Partner. Sie verraten dem Menschen Geheimnisse der Natur: Im Märchen *Die drei Schlangenblätter*[8] zeigen sie dem Helden, wie man Tote zum Leben erweckt, im Gilgamesch-Epos hingegen stiehlt eine Schlange das Kraut der Unsterblichkeit.

Ein König isst jeden Tag ein kleines Stück von einer *weißen Schlange* (oder war es ein Stück eines Pilzhutes, dem man die rote Haut abgezogen hatte?), dank dieser Speise versteht er die Sprache der Tiere.[9]

Immer wieder wird in den Berichten über Visionen des Fliegenpilzrausches berichtet, dass die Berauschten Stimmen hören, dass es ihnen erschiene, als verständen sie die Sprache der Tiere; ebenso wird von Reisen in die Unterwelt erzählt, diese führen aber nicht ins Reich der Toten, sondern in das der Zwerge.

Nun fehlt noch das Schwarz. Im Lied vom Männlein im Walde ist von einem schwarzen Käpplein die Rede, das mich aber eher an die Hagebutte denken lässt. Schwarz sind die Raben, die immer wieder in den Geschichten und Bildern um den Fliegenpilz auftauchen. Der aus Ägypten stammende Name »*Rabenbrot*«[10] wurde schon erwähnt und lässt an das Bild des Heiligen Antonius in der Wüste oder Einöde denken, wie dieser sein täglich Brot von einem Raben erhält, und dessen Horrorvisionen, die Verführungsversuche des Teufels, durchaus mit den Schilderungen einer Überdosierung mit Fliegenpilzbrot vergleichbar sind.

In einer Legende aus dem hohen Norden fängt der Große Rabe einen Wal.

Er will ihn wieder ins Wasser bringen, aber dazu fehlen ihm die Kräfte.

So bittet er ein göttliches Wesen um Hilfe, dieses spuckt auf die Erde und schon sprießen Pilz-Geister hervor, die der Rabe verspeist und die ihm ungeheure Kräfte verleihen, sodass er den Gott darum bittet, diese Geister immer wachsen zu lassen.[11]

Raben sind Boten, intelligent und gerissen, so werden sie den frühen Menschen einiges gezeigt und verraten haben. Weshalb sie dann unter der Diktatur der Kirche ins Dämonenreich versetzt wurden. Wer früher heilig war, wurde der Gefolgschaft des Teufels zugeordnet.

Im RigVeda, einer aus dem alten Indien stammenden Heiligen Schrift, sind zahlreiche Hymnen einer Pflanze gewidmet, die selbst als Gott verehrt wurde: das Soma, das niemals identifiziert werden konnte.

Ob Soma oder Ambrosia, in fast jeder Mythologie gibt es eine Götterspeise, ein Unsterblichkeitskraut, eine magische Pflanze, die Türen öffnet, ver- oder entzaubert, und dieser Topos entspringt sehr wahrscheinlich einem Ritual, in dem die Pflanze ein Geschenk der Götter oder selbst ein heiliges Wesen darstellt.

Wird ein Ritual verboten oder scheint es in Vergessenheit geraten zu sein, so leitet das Gedächtnis die Inhalte um, es kodiert sie in die manchmal sinnlos und verrückt erscheinenden Geschichten der Mythen und Märchen, bis sie dann, meist verharmlost, in Kinderbüchern oder in der Fantasieliteratur wieder aufblühen:

»Mecki – bei den sieben Zwergen, ein märchenhafter Reisebericht geschrieben von ihm selbst.«

In seinen fantastischen Reiseberichten begegnet Mecki, ein anthropomorpher Igel, zahlreichen Gestalten und Berühmtheiten der Märchenwelt.

In dem genannten Band sind es neben vielen anderen Schneewittchen und ihre sieben Zwerge, in deren Reich er versehentlich eindringt und an deren Abenteuern er teilnimmt. Zum Schluss aber entpuppt sich alles als bloßer Traum.

Mecki, von seinen Freunden und den Zwergen umringt, eine Pfeife in der Hand haltend, erwacht nur langsam aus seinem Traum-Rausch, während sich vor seinen Augen die Zwerge in schelmisch lachende Fliegenpilze verwandeln:

> *»Die Zwerge schüttelten die Köpfe hin und her und her und hin. Dabei verwandelten sich ihre lustigen Mützen allmählich in rote Hüte mit weißen Flecken.*
> *Ihre Beine und Bäuchlein schrumpften zusammen oder versanken im Erdreich. Dafür aber wurden ihre weißen Hälse immer länger, so daß sie schließlich wie große, seltsame Fliegenpilze dastanden und mich anstarrten.«*

Bevor er aber ganz erwacht, hat er noch eine andere unangenehme Halluzination:

> *»War das nicht der giftigböse Fliegenpeter aus dem Schlaraffenland? ... der hässliche Bursche mit der Fliegenklatsche ...«*[12]

Da ich auch noch den Reisebericht *»Mecki – bei Zwerg Nase«* besitze, in dem dieser Kerl ebenfalls sein Gift verspritzt, konnte ich einen Blick auf ihn werfen. Er ist giftgrün, hat eine lange rote Nase, auf dem Kopf trägt er einen großen Fliegenpilzhut und in der rechten Hand eine gefährlich große Fliegenklatsche.

In diesem Outfit gleicht er einer Comicfigur des bösen Fliegenpilzes, denn seine Klatsche setzt er nicht nur gegen Fliegen ein und seine lange Rotnase gleicht der des japanischen Dämonen »Tengu«, den man ebenfalls mit dem Fliegenpilz in Verbindung bringt.

Bevor wir die Wunderwelt verlassen, um die tatsächlichen Wirkstoffe und die durch sie hervorgerufenen Symptome zu betrachten, möchte ich die Vorstellung des Fliegenpeters nutzen, etwas über die Funktion von Amanita muscaria als Fliegentöter, seine vermeintlich insektizide Wirkung, zu sagen. Ein in Scheiben geschnittener Fliegenpilzhut, in gezuckerte Milch gelegt, locke die Fliegen an und töte sie. Das wird immer wieder behauptet, stimmt aber nicht. Die Fliegen, die sich nicht unbedingt auf dieses Angebot *wie die Fliegen stürzen*, werden allenfalls betäubt, und wenn sie sterben, dann eher durch Ertrinken. Erwachen sie aus ihrem Rausch, sind sie wie die Menschen quicklebendig. Nachzulesen ist diese Tatsache über den Fliegenpilz und die Fliegen bei Conrad Hans Eugster. Und der Wissenschaftler konkludiert:

> *»Ein nur giftiger Pilz ist weniger interessant als ein von Dämonen besessener.«*[13]

Ein Satz, der auf die richtige Spur führt: zum *Herrn der Fliegen*.
Vorab aber werfen wir einen Blick auf die nachweisbaren Wirkkräfte des Amanita muscaria: Die Amanita sind eine Gattung der Familie Amanitaceae, und hier findet sich die wirklich gefährlich giftige Verwandtschaft, die aber weniger berühmt ist als unser Fliegenpilz, wie z. B. *Amanita phalloides*, der Grüne Knollenblätterpilz, und *Amanita virosa*, Spitzhütiger oder Kegeliger Knollenblätterpilz. Der Genuss dieser Pilze, sie sollen angeblich sehr gut schmecken, ist tödlich, denn sind sie erst einmal verdaut, kommt jede Hilfe zu spät. Die Latenzzeit der Giftwirkung ist lang, treten die Symptome auf, so hat das Gift bereits sein auflösendes Werk begonnen. Die Toxine dringen in die Zellen ein, beschädigen deren Struktur und damit die normalen Funktionen. Betroffen sind davon lebenswichtige Organe wie die Leber. Diese zellzerstörenden Stoffe heißen Amanitine, sie sind hitzebeständig und durch die Magensäfte nicht angreifbar, eben todsicher.
Von all dem besitzt der Fliegenpilz nur den Namen. Er ist der Außenseiter, der *Psycho* in der Familie, denn der Fliegenpilz berauscht, aber er

tötet nicht. Es ist kein Todesfall verzeichnet, in dem *Amanita muscaria* als alleiniger Täter infrage käme.

Auch das Muscarin, das er im Namen trägt, ein Neurotoxin, konnte nur in sehr geringen Mengen nachgewiesen werden und kann deshalb weder einen Rausch noch eine Vergiftung allein auslösen.

Die psychoaktiven Wirkstoffe des Fliegenpilzes heißen Ibotensäure und Muscimol, wobei Letzteres ein Verwandlungsprodukt der flüchtigen Ibotensäure darstellt. Ibotensäure findet sich deshalb nur im frischen Pilz und auch hier gibt es Unterschiede zwischen jungen und älteren Exemplaren. Die höchste Konzentration des Wirkstoffes enthält das feste weiße Fleisch des Pilzhutes. Ist der Pilz getrocknet oder gekocht, ist es um die Ibotensäure zum größten Teil geschehen, dafür enthält das Pilzfleisch jetzt jede Menge Muscimol, dem man den wesentlichen Teil der psychoaktiven Wirkungen zuschreibt. Dennoch gibt es keine exakten Angaben darüber, welcher Wirkstoff für welche Wirkung tatsächlich verantwortlich ist. Es heißt, das Muscimol habe weniger physische Nebenwirkungen wie Übelkeit, Erbrechen, Magenkrämpfe usw., weshalb man es vorzieht, den Pilz getrocknet oder als Gemüse zubereitet zu verzehren. Vollkommen frei von Nebenwirkungen, aber immer noch die volle psychoaktive Wirkkraft freisetzend, sei das Trinken des Urins eines Berauschten. Der Brauch des Urintrinkens ist in allen Fliegenpilzkulten bekannt.

Die Haut des Hutes wird abgezogen und geraucht. Es werden Auszüge, vermischt mit dem Saft der Trunkelbeere oder des Weidenröschens, hergestellt.

Vermengt mit Alkohol weiß man natürlich überhaupt nicht mehr, was nun der Auslöser der Symptome ist, die so gegensätzlich und vielgestaltig geschildert werden, dass man kaum glaubt, es handle sich um dieselbe Droge. Sicher ist aber, dass beide Wirkstoffe einen schnellen Zugang zum Zentralnervensystem finden, dort die Neurotransmitterstoffe imitieren und manipulieren, d. h., im synaptischen Spalt wird die Reizweiterleitung verändert, verstärkt oder blockiert, das innere

Erleben und die Sinneswahrnehmung werden aus der Bahn des Normalen geworfen. Es wird von einer synästhetischen Wahrnehmung gesprochen: Ein zeitgleiches Erleben oder ein Austausch zwischen den Sinnen, d. h., Farben können als Töne und Klänge als Farben oder Formen wahrgenommen oder empfunden werden.

Der Gehörsinn sei besonders verfeinert, was das schon erwähnte Stimmen-Hören verursache.

Der Rausch werde unterbrochen von Wellen des Schlafs und der Erschöpfung, man erlebe das höchste Glück, eine metaphysische Ekstase, aber auch die tiefste Verzweiflung, das schwärzeste und undurchdringlichste Dunkel, in das man hinabstürzen könne, wie in einen Höllenschlund. Die glücklich Begeisterten tanzen wie besessen herum oder springen vor Glück in die Luft, die anderen aber überkomme eine ungeheure Wut und Raserei, dass ihnen der Schaum vor dem Mund stehe. In diesem Zustand verfügen sie über Wahnsinns-Kräfte.

Dieses Berserker-Wut-Symptom wird in allen Beschreibungen erwähnt, verwendete aber der Rabe in der Legende die von den Pilz-Geistern verliehenen Kräfte für gute Zwecke, so enthalten die Berichte über die durch Fliegenpilzgenuss verursachte menschliche Zerstörungswut Zeugnisse von Gewalttaten, auch gegen sich selbst gerichtet.[14]

Man denke hier noch einmal an Rumpelstilzchen, das sich in seinem Wutanfall selbst zerriss.

Zu den Täuschungen der Sinne gehört das Symptom der Mikro- oder Makropsie, der vergrößerten oder verkleinerten Wahrnehmung der Dinge und der Umgebung. Wie Alice glaube man abwechselnd zu wachsen oder zu schrumpfen, ein Tropfen Wasser werde zum See oder ein auf dem Boden liegender Bleistift zu einem fast unüberwindlichen Hindernis.

Aber kehren wir noch einmal zur Raserei zurück, zur Ekstase, und den damit verbundenen Wahnsinn.

Der griechische Gott dieses Zustandes ist Dionysos, mit allem verbunden, was auch zum Fliegenpilz gehört: Donner und Blitz, Berauschung,

Raserei und Ekstase. Zu seinem Gefolge gehören die Mänaden und Kentauren, die Wilde Jagd der Antike, die sich neben Efeu und Wein mit Fliegenpilz berauschten und so betrunken und bepilzt ihre Tobsuchtsanfälle, denen Orpheus und Dionysos selbst zum Opfer fielen, meist mit einem Massaker beendeten.

Das Zerissenwerden durch Geister gehört zum Ritual einer Schamaneninitiation, und der Wahnsinn galt in der Alten Welt als göttlich, der von einem Gott Besessene war außer-sich und nur der von den Göttinnen der Kunst, den Musen, Geliebte war der mit der Gabe der Dichtung Beschenkte, und es sprach durch seinen Mund nur ein Gott, wie »*Die Sibylle mit rasendem Munde Ungelachtes und Ungeschminktes und Ungesalbtes hinausrufend dringt durch Jahrtausende mit der Stimme, getrieben vom Gott.*« (Heraklit)[15]

In der griechischen Antike gab es vier Arten des Wahnsinns: den poetischen, den prophetischen, den erotischen und den der Mysterienkulte, eine Kultivierung der archaischen Form der Besessenheit.

Im Mittelalter und der Neuzeit gab es nur noch die Besessenheit durch den Fürsten dieser Welt, den Teufel oder Satanas, Incubus und Sukkubus, und wer mit rasendem Munde sprach, dem drohte der Scheiterhaufen.

Mit der zunehmenden Macht des alleinherrschenden Gottes und seinem Hofstaat wuchs auch das Heer der Dämonen. An dessen Spitze, als Beherrscher des Reichs des Dunklen, steht ein Ex-Erzengel, Luzifer, der gefallene Morgenstern. Der Teufel hat eine Unzahl von Namen und Erscheinungsformen, weshalb er oft ausweicht, wenn man ihn nach dem Namen fragt.

Eine besondere – wenn auch wenig schmeichelnde – Epiphanie dieses Herrn ist die Fliege.

Auf einem Bild eines italienischen Malers des 15. Jahrhunderts, Carlo Crivelli, Madonna mit Kind (um 1480)[16], sehen wir Maria mit dem Jesuskind hinter einer niedrigen Balustrade. Zwischen dem Hintergrund und der Madonna befindet sich ein – ebenfalls mit einem Or-

nament verzierter – Vorhang, der rechts und links den Blick auf eine
weite Landschaft freigibt, eine Wald- oder Parklandschaft mit hohen
Bäumen, eine friedliche Natur, in der die Menschen sorglos ihren Be-
schäftigungen nachgehen. Am oberen Bildrand sind an beiden Seiten
große pralle Früchte aufgehängt, sie rahmen den Kopf der Madonna,
auf deren Heiligenschein und Stirn kleine Halbedelsteine und zarte
Perlen schimmern.

Der Knabe hat auf dem Rand der Balustrade, auf den man ein kleines
Seidenkisschen gelegt hat, Platz genommen, und die Mutter hält ihn
vorsichtig mit ihren schlanken gotischen Fingern umfangen. Der Junge
selbst hält in seinen kleinen Händchen einen Distelfink, der ängstlich
die Flügel spreizt, beschützend an seine Brust gedrückt.

Dem Bild fehlt die Innigkeit und Freude, das liebevolle Lächeln und
Einverständnis zwischen Mutter und Kind. Ihr beider Blick ist auf den-
selben Punkt gerichtet: Links unten am Eingang des Bildes, wo der
Blick den Weg durch das Bild gewöhnlich aufnimmt, sitzt auf der Bal-
konbrüstung eine Fliege.

Ihr schwarzer Körper ist auf dem hellen Untergrund gut sichtbar und
fällt sofort ins Auge. Diese Erscheinung wirft einen Schatten auf das
Glück von Mutter und Kind.

Die Züge des kleinen Jesus zeigen die Furcht eines Kindes vor einem
vielleicht gefährlichen Insekt, aber es liegt noch mehr in diesem Ausdruck, wie auch in dem der Mutter. Er zeigt ein starres, verhaltendes
Entsetzen und eine tiefe Traurigkeit.

Die Früchte am oberen Rand wirken nun monströs in ihrer üppigen,
fast vulgären Reife, und die Landschaft im Hintergrund verliert ihre
harmlose Normalität. Es ist ein Bild der Angst und niemand scheint
die beiden vor der Präsenz des *Fliegengottes* beschützen zu können.

Es ist Faust, der den Eindringling in seinem Studierzimmer mit »Flie-
gengott« tituliert, als dieser ihm erklärt, dass mit einem Namen wenig
gesagt sei. Mephistopheles selbst, als er eine Ratte um Hilfe bitten muss,

das Pentagramm anzunagen, das ihm den Ausgang versperrt, bezeich-
net sich selbst als den Herrn »*der Ratten und der Mäuse, der Fliegen,
Frösche, Wanzen, Läuse …*«[17], um damit anzuzeigen, dass er über sie
gebieten kann, wie einst Baál Sebul, der Orakelgott der Philister und
Stadtgott von Ekron. Durch ein entstellendes Wortspiel wurde er zum
Baal-Sebub, dem Fliegen-Baal oder *Herrn der Fliegen*.[18]
Aus diesem Spottnamen bildete sich Beelzebub, der Herr unzähliger
Dämonen, die wie Fliegen und Heuschrecken die Menschen heimsu-
chen und quälen, denn das Ungeziefer ist ein Werk des Teufels, der
versuchte, die Werke Gottes nachzuahmen, oder Metamorphosen des
Zorn Gottes: Auf dem linken Flügel des *Heuwagen-Triptychons* des
niederländischen Malers Hieronymus Bosch (15. – 16. Jh.) sehen wir
das Paradies, darüber öffnet sich der Himmel, aus dem die rebellischen
Engel, sich in Insekten verwandelnd, herabstürzen.
Wie die Dämonen ist auch der Teufel selbst verwandlungsfähig, ob
als Grünrock, als schöne Frau oder in Gestalt jedes Tieres, das seiner
Macht untersteht, kann er erscheinen.
Die Fliege, die nicht weichen will und einen Menschen stur umsummt,
ist ein lästiger Besucher, der den Frieden des Menschen stört und ihn
zur Raserei bringen kann. So ist die Fliege auch ein Symbol des teufli-
schen Wahnsinns, des Nicht-Ablassen-Könnens von unsinnigen Ideen,
des Irrsinns und des Irregehens: *Fliegen im Kopf.*
Wer einmal beobachtet hat, wie eine Fliege immer und immer wieder
mit dem Einsatz all ihrer nur langsam dahinschwindenden Kräfte gegen eine geschlossene Fensterscheibe anfliegt, obwohl daneben, vielleicht einen halben Meter entfernt, ein weit geöffnetes Fenster auf sie
wartet, der fühlt sich erinnert an allzu menschliche Zustände der Verzweiflung und Leidenschaft, die oft mehr als blind machen.

Der Fliegenpilzrausch ist unvorhersehbar, selbst wenn man mit einer
metaphysischen Erwartungshaltung in ihn eintritt, kann er den Berauschten ins göttliche Licht erheben, aber auch in die Hölle stürzen.
Die wenigen Selbstversuche, die man zu lesen bekommt, berichten da-

von.[19] Er ist halt auch ein Narrenschwamm, der uns an der roten Nase herum- und in die Irre führen kann, vielleicht um uns vor allzu hohen Seelenflügen zu bewahren.

Wenn man erst einmal weiß, von welcher Seite man probieren soll, damit es weder zu hoch hinauf noch zu tief hinab geht, oder um mal schnell unter winzigen Türen hindurchzukriechen oder mittels eines langen Schlangenhalses mit den Vögeln reden zu können, dann sind wir so schlau wie Alice und beherrschen das manipulierbare Nerven-System-Wunderland. Wem dazu die Courage fehlt, der freue sich über das Erscheinen des wunderlich schönen Pilzes im Spätsommer und beschränke sich auf den Augenschmaus, es sei denn, er sehe auf dem rotem Pilzhut eine Pfeife rauchende Raupe.

Anmerkungen und Literatur

1 Lewis Carroll: »Alice in Wonderland«, New York, ohne Jahresangabe, S. 22.

2 ebenda.

3 vgl. Mircea Eliade: »Schamanismus und archaische Ekstasetechnik«, Frankfurt/M., 1982.

4 Angelika Prentner: »Bewusstseinsverändernde Pflanzen von A–Z«, Wien, 2010, S. 260.

5 »Druidenfuß und Hexensessel – Magische Pflanzen«, Hg.: Palmengarten der Stadt Frankfurt/M., 2004, S. 104.

6 Heribert und Johannes Grüger: »Die große goldene Liederfibel«, Mannheim, 2012, S. 38.

7 Herman Melville: »Moby Dick«, Frankfurt/M., 1977, S. 271.

8 Gebrüder Grimm: »Kinder und Hausmärchen« (Nr. 16), Bd. I, S. 108–112.

9 ebenda (Nr. 17), S. 112–117.

10 Wolfgang Bauer, Sergius Golowin, Christian Rätsch, Clemens Zerling: »Das Lexikon des Dunklen«, Uhlstädt-Kirchhasel, 2006, S. 176.

11 Richard E. Schultes, Albert Hofmann, Christian Rätsch: »Pflanzen der Götter«, Aarau, 2001, S. 82.

12 »Mecki bei den 7 Zwergen« und »Mecki bei Zwerg Nase, ein Reisebericht, aufgeschrieben von ihm selbst.« Illustriert von Professor W. Petersen, Hg. Eduard Rhein (keine w. Angaben).

13 Conrad Hans Eugster: »Über den Fliegenpilz«, Zürich, 1967, S. 11–12.

14 Zu den Inhaltsstoffen, Wirkungen und Anwendungen vgl. Anm. 4 (S. 263–264), Anm. 5 (S. 105–106) u. Anm. 11 (S. 83–84).

15 Heraklit: »Fragmente«, Bd. 92, Zürich, 2007, S. 29.

16 Carlo Crivelli: »Madonna mit Kind« (um 1480) in Arturo Graf: »Satan, Beelzebub, Luzifer – Der Teufel in der Kunst«, New York, 2009, S. 52.

17 Johann Wolfgang von Goethe: »Faust I«, München, 1997, S. 71 und S. 79.

18 Baal-Sebub, der Herr der Fliegen in Ekron (2. Könige 1.2–6), Lutherbibel, Stuttgart, 1999, S. 306 (Worterklärung).

19 vgl. Clark Heinrich: »Die Magie der Pilze«, Ort, 1998, S. 256.

November-Bäume
Todesschönheit

Beim Anblick kahler blattloser Bäume erschien es mir oft, als ob dieser Zustand ihre eigentliche, ihrem innersten Wesen ganz entsprechende Erscheinungsform sei.

Ja, als ob Frühjahr und Sommer, die Zeit der zarten oder der tiefen und satten Grüntöne, die zwar unserem Auge wohltun, unser Gemüt besänftigen und unverzichtbar sind für die Existenz der Pflanze, als ob diese Farben und Formen nur der Ausdruck des Äußerlichen und Profanen ihres Wesens darstellen.

In ihrer nackten schmucklosen Erscheinung hingegen zeigen sie sich in ihrer Verletzbarkeit und Vergänglichkeit und man erahnt das Geheimnis ihrer ewigen Transformation und Transzendenz.

Der Blick von unten, durch kein Laubwerk, kein Spiel von Licht und Schatten abgelenkt oder gebremst, folgt nun ungehindert den grazilen und oft bizarren Formen ihrer gen Himmel gestreckten Äste – weit geöffnete nackte Arme, bereit zur kosmischen Umarmung – bis zu den feinsten Verzweigungen, die den Himmel nicht verdecken, sondern ihn mit einbeziehen, ihn unterteilen, indem sie ein Raster bilden aus Kontur, Linie und Fläche.

So sind sie verbunden mit dem Ganz-oben, und wie ein Spiegelbild dieser Struktur breitet sich ihre Wurzelkrone im Innern der Erde unsichtbar unter meinen Füßen aus.
Im Tiefen und Verborgenen haben sie ihren Halt wie im Ätherischen.

∗

Die Farbe, die nun, da die in Gelb, Orange und Rot strahlenden Herbstblätter längst in nuancenreichen Brauntönen am Boden liegen, ihren Auftritt hat, ist die des Mooses, das die Stämme und sichtbaren Wurzeln der Bäume umhüllt, ein Grün, das von innen heraus zu leuchten scheint, ein Leuchten, das an Intensität gewinnt, je mehr sich die Sonne zurückzieht.

Dieses Grün ist nicht die Farbe der Überfülle des Sommers, es ist die Farbe toxischer Substanzen, das Grün des musizierenden Engels im Engelkonzert des »*Isenheimer Altares*«[1], *Sammael*, das *Gewürz* oder das *Gift Gottes*, Bote der Finsternis und Emanation des Bösen. Es ist die Farbe des Todes.

So lenken die November-Bäume unsere Aufmerksamkeit auf die ständige Verwandlung alles Materiellen, aber auch auf ihre metaphysische

Funktion als Vermittler zwischen Himmel und Erde, Erde und Unterwelt, zwischen den Göttern, Geistern und Menschen, und erinnern
uns unverhüllt an das, was man weder sehen noch berühren, aber sehr
wohl, während des Sehens und Berührens, spüren kann.

*

Anmerkungen und Literatur

1 Altarbild des Malers Mathis Gothardt Neithardt, genannt Grünewald, 1512 – 1516 in Isenheim gemalt. Ort: Das Altarbild befindet sich im Museum Unterlinden in Colmar (Frankreich).

Die Tollkirsche
Atropa belladonna
Die schöne Mörderin

»Nur einen Sommer gönnt, ihr Gewaltigen!
Und einen Herbst zu reifem Gesange mir,

...

Einmal
lebt ich, wie Götter, und mehr bedarf es nicht.«
(Friedrich Hölderlin, »An die Parzen«, 1798)

»When shall we three meet again?«
(William Shakespeare, »Macbeth«)

In ihrem lateinischen Namen *Atropa belladonna* trägt die Tollkirsche Tod und Schönheit, Gift und Grazie als schillernden Gegensatz in sich vereint.

Zwischen diesen Polen steht die Verführung als pulsierendes Verbindungsorgan, eine stets schwingende Membran, die die Spannung aufrechterhält, damit die Wechselwirkung fortbestehe.

Deshalb setze ich den Abschnitt über diese Pflanze ans Ende meiner sechs Bilder, da sie selbst in diesem Versuch eine überleitende Funktion erfüllt, als lebendige Idee der Giftgrazie, von der im letzten Kapitel die Rede sein soll.

✳

Die Gewaltigen, die *Moira* oder *Parzen*, sie teilen jedem Menschen sein Schicksalslos, seinen Sommer und Herbst zu, damit er sein Lebenslos, sein Werk, vollende.

Sie spinnen und erhalten jedes Menschen Lebensfaden, ein feines Garn, das das Irdische verbindet mit dem Himmlischen. Irdische und kosmische Ordnung sind verbunden durch die »Spindel der Notwendigkeit«, wie Plato es in der »*Politeia*« mit einem Bild beschreibt:

> »*Gedreht aber werde die Spindel im Schoße der Notwendigkeit … Drei …, die weiß bekleideten am Haupte bekränzten Töchter der Notwendigkeit, die Moiren Lachesis, Klotho und Atropos, sängen zu der Melodie der Sirenen, und zwar Lachesis das geschehene, Klotho das gegenwärtige, Atropos aber das bevorstehende.*«[1]

Töchter der Notwendigkeit und Ordnung sind sie nach ihrer zweiten Geburt, nach ihrer ersten sind sie die Töchter der Nacht und der Unterwelt, verwandt mit deren dunklen Bewohnern: Schlaf und Traum, den Brüdern des Todes.[2]

Mächtig sind sie alle drei, denn selbst die Götter müssen sich ihnen fügen. *Atropa* aber, die Dritte, ist in jeder Hinsicht ein Superlativ: die Älteste, die Kleinste, die Schrecklichste. Unbarmherzig und unbestechlich beendet sie das Leben, indem sie den Faden abschneidet. Sie soll mit Urania, der Sternenmuse, identisch sein, *Urania-Aphrodite*, und somit verbunden mit allen Liebe und Tod bringenden Göttinnen.[3]

Im Märchen wurde die Schreckliche zur dritten, siebten oder dreizehnten Fee, die die guten Wünsche und Begabungen ihrer Schwestern durch Verwünschungen aufhob oder unter Bedingungen stellte, damit sich der Mensch sein Schicksal verdiene.

Schwarze Schatten und weise Frauen, in weiße Gewänder gehüllt, erscheinen die Schicksalsfrauen, Feen oder Hexen, einmal alt und Ehrfurcht gebietend oder grauenerregend, den Keren und Furien gleich, oder aber schön und verführend, erdverbundenen Göttinnen ähnlich, oder leichtfüßig, geflügelt, der Luft angehörend.

Weissagend, begabend, verwünschend, todbringend, so verkörpern sie das wechselhafte Schicksal, die Flüchtigkeit des menschlichen Lebens, stehen für das, was war, was ist und sein wird, beschützend oder verderbend, wie die drei *weird-sisters*, die drei Parzen des Macbeth.

Die Spindel aber ist ihr Erkennungszeichen:

Wer sich daran sticht oder sie in den Brunnen fallen lässt, verliert das Bewusstsein, verlässt den Körper und muss hinab oder hinauf ins bodenlose und finstere *Reich der Mütter*, während der Körper ruht, als würde er schlafen. In dieser Geisterwelt darf man den Faden nicht verlieren, der wieder hinausführt aus dem Labyrinth und zurück ins Leben.

*

Bella Donna, die schöne Frau, ist weit mehr als eine Lieferantin für Augentropfen, die angeblich einen seelenvollen Blick verleihen.

Sie ist die Zauberin, der schwarze Engel des Waldes, ihre Erscheinung besitzt keineswegs die klassische Schönheit eines Rosenstrauches und sie stellt sich auch nicht zur Schau, sie ist eher schwer zu entdecken.

Doch gehen wir im Sommer durch den Wald und begegnet unser von der grünen Fülle gesättigte und ermüdete Blick plötzlich dem Glanz ihrer Pechaugen, bleiben wir wie gebannt stehen, kommen näher, sehen die wie schlaftrunken hängenden braunvioletten Blüten, der Farbton melancholischer und düsterer Gedanken und Träume, möchten wir nur zu gern von ihren Augäpfeln kosten, wir zögern und hören die Stimme der Schlange im Paradies:

Iss nur, du wirst nicht sterben, dir werden die Augen aufgetan und du wirst sein wie Gott!

Das ist das Geheimnis aller Sirenen, Sphinxen und Zauberinnen, sie verführen nicht durch den Reiz oberflächlich physischer Schönheit, durch ihre Erscheinung leuchtet das Versprechen, das vorbewusste Wissen um die Unschuld des Anfangs, das *Arcanum*, mit dem man Grazie wiedererlangt, der Wunsch (noch einmal) vor dem Baum der Erkenntnis und des Lebens zu stehen, um nach *der Frucht* zu greifen.

*

Es ist ein besonderes Ereignis, einer Pflanze, über die man bisher nur gelesen und die Einbildungskraft bereits ihr Werk begonnen hat, zu begegnen, als ob eine Romanfigur plötzlich leibhaftig vor einem stünde.

Die erste Tollkirsche, die ich entdeckte, stand am Rand eines schmalen Weges, der von einem breiten, durch einen weitläufigen, von mehreren Wiesen unterbrochenen Mischwald führenden Hauptweg abzweigt. Etwas abschüssig und meist schlammig, die Grasnarbe vom nächtlichen Wildschweinbesuch aufgewühlt, öffnet er sich dem neugierigen Spaziergänger wie ein trichterförmiger Hohlweg. Nach ein paar Metern verengt er sich, macht eine leichte Biegung nach links, der Hauptweg verschwindet aus dem Blickfeld und man fühlt sich in eine andere Sphäre versetzt.

Das Licht nimmt ab, wenn auch der schmale Wegstreifen mit Sonnenflecken übersät ist, so befinden sich die Wegränder im Halbdunkel. Dort wächst viel Gesträuch, Farne und das fahle Licht liebende Blütenpflanzen. Über sie geneigt stehen dichtgedrängt Ahornbäume, einige Buchen, auf der rechten Seite vermischt mit Erlen und Weiden, denn hier fließt ein kleiner Bach, unsichtbar, unterm Gestrüpp verborgen, parallel zum Weg, und das leise Plätschern des schnell fließenden Wassers, das man erst nach einer Weile wahrnimmt, unterstreicht die träumerische, geheimnisvolle Atmosphäre.

Es ist bereits Hochsommer, Mittagszeit, der Wald verstummt, die beweglichen Wesen haben sich in den Schatten der Pflanzen, die nicht flüchten können, zurückgezogen.

Auch ich bin froh, den Eingang zu diesem Weg endlich erreicht zu haben, das blendende Mittagslicht hinter mich lassend ins kühle Dämmerlicht einzutauchen.

Die Sinne brauchen eine kurze Zeit, sich umzustellen. Die Stille, die ich höre, wird nur unterbrochen durch das Schimpfen einer Amsel, ein Rascheln im vorjährigen Laub und das schwache Rieseln des Baches.

Ich spüre den kühlen Atem der Bäume.

Der Weg macht noch einmal eine Biegung nach links und jetzt sehe ich die Staude, die sich aus dem Halbschatten herauszulehnen scheint, als wolle sie mehr von den Sonnenflecken erhaschen, die über dem Weg hin- und hertanzen.

Ich stehe direkt vor der Pflanze, die kaum meine Aufmerksamkeit erreichte, sähe ich nicht plötzlich eine ihrer Blüten, glockenförmig und ein wenig nickend, als ginge ein Luftzug durch das Gestrüpp, beschützt vor neugierigen Blicken und aufdringlichen Sonnenstrahlen von einem großen Blatt, das sich wie ein Sonnendach über der Blüte wölbt.

Die Farben: Unter der Krone helles, grünstichiges, leicht schmutziges Gelb, von dunkelvioletten Adern durchzogen – eine Struktur, die an die Flügel großer Libellen erinnert – gefolgt von bräunlichem Rotviolett. Ihre gebrochenen Farben wirken wie miteinander vermischt. Als hätte ein Maler einen Tropfen der einen zur anderen Farbe hinzugefügt, um sie durch diese Abschattierung einander näherzubringen.

Am unteren Rand der Glocke sind die fünf Zipfel der zusammengewachsenen Blütenblätter nach oben gerollt und man kann die gebogenen Staubfäden erkennen.

Farbe und Form der Blüte lassen keinen Zweifel mehr aufkommen und schließlich sehe ich auch die ersten Beerenfrüchte, kleine Sterne mit einem Augapfel in der Mitte, dieser ist noch grün, ein Grün, auf dem sich bereits dunkle rostig schwarzrote Flecken und Linien abzeichnen. Dieses Rotviolett, dem *Caput mortuum* ähnlich, findet sich auch an den spitz zulaufenden Blättchen der Krone, auf der dann die reife Frucht, wie auf einem fünfzackigen Stern ruhend, violettschwarz erstrahlt.

Der Stängel der Pflanze ist kantig, ein wenig behaart, ebenfalls dunkelviolett gefärbt, und steht leicht schräg geneigt. Nach ungefähr einem halben Meter verzweigt er sich in vier dünnere Stängel, die sich sternförmig in leichter Schräge nach oben ausbreiten und sich weiter verzweigen. So wirkt die Staude von Weitem wie eine große Dolde oder ein verkehrtes Dreieck. Ihre Blätter sind hell- und dunkelgrün, oval und spitz zulaufend. In der Nähe der Blüte sitzen immer ein großes und ein kleines Blatt, und ab Juli befinden sich Knospen, Blüten und Früchte an einer Staude.

An diesen beiden Merkmalen kann man die Pflanze gut erkennen.

Ihr Gift ist gut verteilt, in unterschiedlicher Konzentration, auf alle Pflanzenteile. Den höchsten Giftgehalt besitzen die Früchte. Mit ihnen wird gemordet. Gefährlich sind sie aber vor allem durch ihren schwarz spiegelnden Glanz, der dem reifer Kirschen ähnelt, und ihrem süßlichen Geschmack. Es gibt keine Warnung. Wer sich von ihrer ambivalenten Aura nicht warnen lässt, der ist verloren.

Auch in den Blättern ist reichlich Gift vorhanden, aber es schützt sie nicht vor Fressfeinden. Im August waren fast alle Blätter meiner Staude perforiert, ein filigranes Muster, doch von einigen Blättern blieb nur das Blattgerippe übrig, und ich merkte der Pflanze an, dass sie darum kämpfte, ihre Früchte noch ausreifen zu lassen.

Deren Samen werden vor allem von den Amseln verbreitet, die die Beeren wie Leckerbissen verschlingen, und das ganz ohne Nebenwirkungen. Zum Herbstbeginn bekam die Pflanze noch einmal neue Blätter, doch fand sie nicht mehr zu ihrer Sommerpracht zurück.

Jeden Winter verschwand sie vollkommen, ließ nur die vertrockneten Stängel zurück, und erschien im späten Frühjahr wie von Zauberhand, so schnell spross sie empor und nahm ihren Platz in Besitz.

Ich besuchte diese Staude sechs Jahre lang an der beschriebenen Stelle, dann war die Wurzel erschöpft und sie erschien nicht mehr.

*

Allgemein gilt die Tollkirsche als Schattenpflanze, aber man findet sie auch auf sonnigen Plätzen und nach *Hegi*[4] gibt es Schatten- und Sonnenblätter.

Auch wächst sie nicht im Dunkeln der Wälder, sondern an dessen Rändern, auf Kahlschlägen und Lichtungen, im Zwielicht, zwischen Licht und Dunkelheit verborgen und doch plötzlich sichtbar, als hätte sie sich einer Tarnkappe entledigt, was ihrem Ruf als gefährliche Zauberpflanze zukam, man glaubte, sie sei von einem verführerischen weiblichen Pflanzengeist bewohnt, der bringe dem Menschen Liebesglück, aber auch tödlichen Wahnsinn.

So wurde die Schöne des Waldes, neben der Alraune, mit der sie schon in der Antike oft verwechselt wurde und sich den Kult um die magische Verwendung der Wurzel teilte, zur Lieblingspflanze der Hexen und des Teufels.

Daher die Metaphern des Bösen, die sich in ihren zahlreichen Namenkomposita wie Teufelsbeere, Teufelskirsche, Hexenkraut oder eben Toll-kirsche (auf den Wahnsinn bezogen) ausdrücken sowie in dem Ritual, das zur Ausgrabung der Wurzel diente:

Musste bei der Hebung der Alraunenwurzel ein schwarzer Hund dran glauben, er starb vor Schreck (da, wie es heißt, der Alraunenwurzelgeist beim Herausziehen herzzerreißend schreie) an Stelle des Menschen, so wird nach dem Graben der Tollkirschenwurzel dem Teufel ein schwarzes Huhn zugeworfen, das dieser, da man die Intelligenz des Teufels oft unterschätzt, für die Seele des Wurzeldiebs halten sollte.[5]

Das Gift der Tollkirsche verwendete man wie das des Aconitum napellus (Blauer Eisenhut) als Pfeilgift, als Kriegstoxikum, und so mancher lästige Ehegatte wurde wohl mittels ihrer schwarzen Kirschen beseitigt, aber auch die frühe Medizin fand ein breites Spektrum zur heilenden Verwendung dieser Wirkkraft:

Was die Dämonen herbeiruft, das kann sie auch vertreiben.

Im Altertum wurde die Tollkirsche gegen Depression und als Schmerz-mittel eingesetzt (ihr Wirkstoff Atropin ist mit dem modernen Stress-killer Cocain verwandt), andererseits war sie eines der Gewürze, die sogar Göttertrunk und Götterspeise, wie das Met der Walkyren, das diese den gefallenen Helden bis zur Götterdämmerung als Speise ser-vierten, verfeinerten, wozu auch Nachtschattengewächse wie Bilsen-kraut und Tollkirsche, auch Walkerbeere genannt, gehörten.

In geringen Dosen galt und gilt sie als An- und Erregungsmittel.

Doch ihre Bedeutung als Aphrodisiakum ist wohl mehr symbolischer Natur:

Mädchen trugen die Wurzel beim Tanzen am Busen, um die Männer verliebt zu machen, oder man trug sie als Talisman bei Liebes- und Geldangelegenheiten bei sich, immer dicht am Körper. In einem Trank oder Elixier vermischt, ist sie gefährlich, aber ist nicht – der eigentli-che Liebestrank – stets ein tödliches Gift, ein Erlöser aus der allzu be-wussten Welt, in der die Liebe als absolute Vereinigung nicht blühen kann:

>>ertrinken –

versinken –

unbewusst –

höchste Lust!<<[6]

singt Isolde, sterbend, während sie auf Tristans toten Körper sinkt.

∗

Vor der Wirkkraft der Tollkirsche hatte man schon immer Respekt, verwendete sie mit scheuer Zurückhaltung und dies nicht nur wegen ihres Giftes, vielmehr aus Furcht vor den ihr zugeschriebenen magi-schen Potenzen, die denjenigen, der sich nicht fürchtet, verrückt zu werden, mit Fähigkeiten begabt, für die man sogar bereit wäre, einen Teufelspakt einzugehen: die Gabe, sich selbst und andere in ein Tier zu verwandeln oder ein weiteres Ingredienz zur Herstellung der berühmten Flugsalbe zu erhalten, mit deren Hilfe die Hexen zum Hexensabbat reiten bzw. fliegen.

Das berühmteste Beispiel ihrer Zauberkraft ist die Mythe der Verwandlung der Gefährten des Odysseus in Schweine durch die Zauberin Kirke, einer Tochter der Hekate und des Helios, Schwester der Medea, die auf der einsamen Insel Aiaia inmitten eines verwunschenen Waldes, in einem von Zauberpflanzen und Zauberwesen umgebenen Schlösschen residierte.

Die wilden Tiere in ihrem Wald, die den Reisenden begegneten, waren verzauberte Menschen, die sich den erschrockenen Männern wie zahme Haushunde näherten. Die müden Seefahrer ließen sich gern von der schönen Frau bewirten und bezirzen:

> *»Und sie setzte die Männer auf prächtige Sessel und Throne,*
> *Mengte geriebenen Käse mit Mehl und gelblichem Honig*
> *Unter pramnischen Wein, und mischte betörende Säfte*
> *In das Gericht, damit sie der Heimat gänzlich vergässen.«*
> *…*
> *»Als sie dieses empfangen und ausgeleeret, da rührte*
> *Kirke sie mit der Rute und sperrte sie dann in den Köfen.*
> *Denn sie hatten von Schweinen die Köpfe, Stimmen und Leiber,*
> *auch die Borsten; allein ihr Verstand blieb völlig wie vormals.«*
> *(Homer, »Odyssee«)* [7]

Bei vollem Bewusstsein, aber willenlos, suggestibel (ein Zustand, der als Symptom einer Tollkirschen-Psychose beschrieben wird) erleben sie die Halluzination am eigenen Leibe, bis Odysseus sie mithilfe des von Hermes verliehenen Antidots *Moly* erlöst.

Kirke galt als eloquent (*anmutig redend*) und wissend.

Wer Kräuter braut, der muss auch mit schöner Rede den Zuverführenden einstimmen, seine Verführbarkeit berühren und stimulieren wie mit einer Zauberrute, damit es gelingt.

Enrico Malizia erwähnt in seinen »Gesammelte(n) Rezepturen aus alten Hexenbüchern« im Kapitel »Magische Kräfte« ein Rezept mit folgender Überschrift:

>*»Zaubertrank der Circe,*
>*womit sie Männer in Schweine verwandelte.«*

Also, man nehme …

>*»Apollonienkraut (Bilsenkraut; Hyoscyamus niger),*
>*Alraune (Mandragora officinarum),*
>*Tollkirsche (Atropa belladonna),*
>*Hexenkraut (Stechapfel, Datura stramonium),*
>*Eisenhut (Aconitum napellus),*
>*Urin vom Menschen,*
>*getrockneten Urin und getrocknetes Blut vom Schwein.*
>*Verrühr alles zu einer wässrigen Lösung.«*[8]

Das alles ist drei Stunden auf kleiner Flamme zu köcheln. Nicht angegeben wurde die Beschwörungsformel, die aufgesagt werden soll, während der Auserwählte drei Schalen dieser Flüssigkeit trinke.

Der Kommentar des Autors verweist auf die Sinnlosigkeit dieses Unterfangens, denn die Verwandlung in Tiere sei nur ein Traum der Literatur wie bei Dr. Jekyll und Mr. Hyde, ein Albtraum in diesem Fall, aber er räumt ein, dass der Zaubertrank tatsächlich etwas vermöge, nämlich Halluzinationen einer solchen Metamorphose hervorzurufen.

Die Verwandlung in Tiere ist ein zentraler Topos in den frühen Formen der Literatur und des Theaters: Mythos und Ritual.

Ritual als inszenierter Mythos, Aktualisierung des ewigen Geschehens, der immer wiederkehrenden Verwandlung und Transsubstantiation.

Angefangen bei den sogenannten *Naturvölkern*, womit man u. a. Ethnien ohne Schriftkultur bezeichnet, bis zur frühen epischen Dichtung der Antike, die aber anfangs auch *nur* durch die Vortragskunst der Rhapsoden vermittelt wurde.

Hier wird die Speicherfähigkeit und Kreativität des Gedächtnisses besonders gefordert, und noch Sokrates, der Meister des sich allein im Dialog entwickelnden Denkens, der selbst nie etwas aufgezeichnet haben soll, hält im Phaidros eine Apologie der Mündlichkeit.
Das ganze Wissen muss kodiert in Geschichten verpackt werden, sodass die einzelnen Elemente, Motive, Topen etc. Beziehungspunkte bilden, zwischen denen sich dann die Struktur der Mythen ausformt.
In diesem Beziehungsgeflecht erhalten auch jeweils bestimmte Tiere eine spezifische Bedeutung, und doch weiß man nie so genau, wen man eigentlich vor sich hat: Tier, Gott oder Mensch. Tier-Götter sind allgegenwärtig in der Mythologie der Alten Welt, und noch in den griechischen Mythen blieb es ein Vorrecht der Götter, sich in Tiere zu verwandeln; doch wenn die Unsterblichen Menschen in solche verwandelten, so galt dies bereits als Bestrafung, meist für Überheblichkeit und Größenwahn. Hier tritt ein Wandel im Denken ein, denn vorher wäre es eher eine Aufhebung und Ehrung gewesen, da das Tier dem Gott näher stand als der Mensch. Kein Wunder, dass diese Kunst der Verwandlung im christlichen Mittelalter nur noch als ein Teufelsspuk und Hexenzauber galt.

Der nächtliche Ausflug der Hexen und Zauberer des Mittelalters war natürlich halluziniert, aber für die Frauen und auch Männer, die sich mit diesen Salben einrieben, war es ein wirkliches Ereignis, sie erlebten ja alles, was man ihnen vorher berichtet und versprochen hatte, mit allen Sinnen.
Karlheinz Lohs und Dieter Martinez veröffentlichen in ihrem Buch *»Gift«*, den *»(nicht ungefährlichen) Selbstversuch«* eines *Siegfried Ferckel (1954) »mit einer sogenannten Hexensalbe«*, in der *»Tollkirsche, Bilsenkraut und auch Stechapfel die Hauptbestandteile waren.«*

Das Fliegen schildert Ferckel wie folgt:

> »… *Langsam wurde es vollkommen dunkel um mich, und ich schwebte mit großer Gelassenheit aufwärts. Es wurde wieder hell, und durch einen rosa Schleier erkannte ich verschwommen, dass ich über der Stadt schwebte.*«[9]

Die Autoren verweisen auf die Ähnlichkeit zu dem aus Hexenverhören Überlieferten und führen eine Stelle aus einem Werk der Antike an: *Lukians »Lucius oder der magische Esel«*, in der das Tierverwandlungsphänomen genau beschrieben wird:
Eine Zauberin schmierte sich mit einer Art Öl am ganzen Körper ein »… *und plötzlich brechen ihr am ganzen Leibe Federn hervor, ihre Nase wird ein krummer Schnabel, sie bekommt alles, was zu einem Vogel gehört …. sie hörte auf zu sein, was sie war und ist in einen Nachtraben verwandelt …*«[10]
Halluzinationen, ob nun mit oder ohne Verstand, will sagen, mit mehr oder weniger Bewusstsein darüber, was mit mir geschieht, sind auf jeden Fall ein Mehr an Wahrnehmung. Dieses Mehr kann erschreckend oder nur lästig sein, aber meist erhebt es den Menschen, er erkennt, wie durchlässig die Grenzen seines Ichs sind, er spürt das Lösende zwischen den Gegensätzen. Ein solches Erleben verwirrt und erzeugt Angst, die kein Objekt hat, nichts, wovor man sich fürchten könnte, sondern nur das Nichts, dass durch jede noch so kleine Wunde im Gewohnten aufblitzt.
Ob göttliche Erscheinung oder Höllenvisitation, das Bewusstsein verändert sich, denn diese Erfahrung hinterlässt Spuren im Gedächtnis wie ein tatsächliches Ereignis.

*

Ein weiterer Name der Tollkirsche ist *Wolfsbeere* oder *Wolfsauge*[11], Letzteren finde ich besonders bedenkenswert, denn hier tritt das Auge an die Stelle der Beere oder Kirsche, das Grundwort ändert sich, nicht nur das Bestimmungswort, wie überhaupt das Auge und das Sehen als immer wiederkehrende Motive in den Geschichten um diese Pflanze auftauchen.

Ein paar Tropfen des Tollkirschenextraktes stark verdünnt ins Auge geträufelt vergrößert die Pupille, ein Phänomen, das man *Mydriasis* nennt und eine Art Lähmung des Blicks auslöst, Akomodationsstörungen, d. h., das Auge kann nicht mehr akkommodieren, sich dem Distanzwechsel des Blicks anpassen, weshalb man mit erweiterten Pupillen nicht mehr lesen kann. Die Augen wirken vergrößert, der Blick undurchdringlich und starr wie der eines Tieres.

Ein Auge sieht und wird gesehen, es nimmt das Gesehene in sich auf, umso mehr ein schwarzes, das wie eine Öffnung erscheint, wie ein alles Sichtbare verschlingendes *Schwarzes Loch*, ein gieriges Auge, aber gleichzeitig strahlt es selbst Energie ab. *Wenn Blicke töten könnten*, sagt man, weil man es durchaus für möglich hält, dass sie es können, hypnotische Bannung, Zauber des Augen-Blicks, und wer fürchtet sich nicht vorm *Bösen Blick*.

Das Essen der Früchte der Solanum mortale, des Teufelsgückle (-auge), kann für Unwissende, wie deren Namen mehrfach ankündigen, tödlich sein.

Die *dosis letalis* wird für Kinder schon bei drei Beeren gelegt, für den Erwachsenen sind es zwischen 10 und 20, für Kirschenesser kein Problem. Natürlich spielt hier immer die individuelle Kondition eine große Rolle, die Angaben sind deshalb garantiefrei. Auch Erfahrene sollten vorsichtig sein und das Letztgenannte beachten. Das Kraut (die Pflanzenblätter, die im Frühsommer am meisten Wirkkraft enthalten), das wildlebende Tiere unbedenklich, ohne Schaden zu nehmen, verzehren, kann vorsichtig geraucht oder geräuchert werden.

Vor der Verwendung in Kräutertees sei ebenfalls gewarnt.

Die Wirkstoffe bestehen wie bei allen Nachtschattengewächsen, die jedoch nicht alle Zauberpflanzen sind, sondern auch ganz gemeines Gemüse wie Kartoffel oder Tomate, aus Tropanalkaloiden, bei der Tollkirsche gilt das Hyoscyamin als Hauptalkaloid der lebenden Pflanze, das sich nach dem Abpflücken und Lagern der Pflanzenteile in das weitaus giftigere *Atropin* verwandelt.

Tropanalkaloide sind Neurotoxine und wirken ab einer gewissen Dosis psychoaktiv, sie passieren die Blut-Hirn-Schranke und verändern biochemische Vorgänge im Zentralnervensystem. Sie wirken aber nicht nur nach oraler Aufnahme, sondern werden auch über die Schleimhäute gut aufgenommen, was ihre Verwendung in Salben erklärt.

Wie schon im Gift-Kapitel erwähnt, haben Halluzinogene biogenen Ursprungs Ähnlichkeiten mit bestimmten Neurotransmitterstoffen und können deren Funktion der Reizübertragung steigern oder hemmen.

Im Falle des Atropins ist es das Acetylcholin, der Transmitterstoff des Parasympathikus. Der Parasympathikus ist im Gegensatz zum Sympathikus für Ruhe und Entspannung zuständig. Acetylcholin gilt als Antagonist des Adrenalins, und Atropin ist wiederum der Antagonist des Acetylcholins, wirkt also dem Parasympathikus entgegen.

Bei geringer Dosis beginnt es mit einer angenehmen Erregtheit, einer Steigerung geistiger Leistung und äußert sich in gehobener bis ausgelassener Stimmung. Bei Steigerung der Dosis geht die Stimmung über in Euphorie, Ideenflucht, gesteigerte Tanzlust und Bewegungsdrang; die nächste Stufe berührt die Grenze zur Kontrolle des Bewusstseins. Als physische Nebenwirkungen zeigen sich eine Rötung der Haut, Hitzewallung mit fehlendem Schweiß und Speichelfluss, starker Durst bei gleichzeitigen Schluckbeschwerden und Mydriasis mit Sehstörung bis zur vorübergehenden Blindheit.

Ein Tollkirschenrausch erreicht oft das Stadium einer toxischen Psychose, er löst ein Delir aus, das bedeutet eine akute, aber starke Veränderung und Trübung des Bewusstseins, Störung der Orientierung, der Merkfähigkeit, des Gedächtnisses, des Erkenntnisvermögens und insbesondere der Wahrnehmung.[12]

Es treten echte Halluzinationen auf, d. h., das Bewusstsein darüber, dass ich eine Droge genommen und jetzt folgerichtig halluziniere, ist verschwunden, ich sehe oder höre Phänomene, die – für andere – nicht da sind, kein Außenreiz ist erforderlich, dass mir Menschen oder Tiere erscheinen, dass ich mich in ein Tier (z. B. in einen Wer-Wolf) verwandle oder mir Federn wachsen und ich davonfliege.

Wo aber diese Phänomene ihren Ursprung haben, ob uns geistige Wesen einer anderen Seinssphäre erscheinen oder ausschließlich unser Gehirn sie erzeugt, das bleibt ein Rätsel.

Sicher ist aber, dass sie einen Beitrag zur Entstehung der Kultur geleistet haben, wobei sie genau an der Schnittstelle zwischen Natur und Kultur zu verorten sind, und dass »*die Phänomenologie der Halluzinationen*« uns einen »*direkten Einblick in die Hirnfunktionen gewähren*« *(Oliver Sacks in seinem Buch über Halluzinationen)* und somit auch einen Rückblick auf die Bildungsgeschichte des Menschen.

Zu diesem Punkt stellt der Ethno-Neurologe Sacks folgende interessanten Fragen:

> »*inwieweit halluzinatorische Erfahrungen den Ursprung unserer Kunst, Folklore und sogar Religion bilden.*
>
> *. . .*
>
> *Warum hat jede uns bekannte Kultur nach halluzinogenen Wirkstoffen gesucht und sie gefunden, um sie zuerst und vor allem zu sakralen Zwecken zu verwenden?*«[13]

Diese Gedanken sind, wie der Autor bemerkt, nicht neu, denn Halluzinationen gehören seit alters her nicht nur – aber vor allem – zur religiösen Wirklichkeit, und bebilderten die Welt der Geister, Engel und Dämonen.

Wenn wir ein biogenes Halluzinogen einnehmen, empfangen wir sicher keine reinen Naturbotschaften, dennoch unterscheiden sich die Visionen eines Tollkirschenrausches von denen eines LSD-Trips.

Doch im Erleben einer Halluzination begegnen wir immer auch unserem Unbekannten, nicht dem Selbst, sondern dem Anderen, der wir auch sind, von dem wir nichts wissen wollen oder dürfen, aber wir begegnen ihm jeweils in einem anderen Raum, einem anderen Märchen, das von außen in uns eindringt und es öffnet sich uns eine unbekannte Heimat oder ein vertrautes, fremdes Land.

*

Auch was den Bewusstseinsgrad anbelangt, die Frage, ob man noch bei Verstand ist, wenn man sich in ein Tier verwandelt vorfindet, wie es mit den Gefährten des Odysseus geschah, oder ob man fest daran glaubt, man sei auf dem Blocksberg gewesen und habe mit dem Teufel getanzt, sind die Grenzen wohl eher fließend und von der Einstellung, Erwartung und Erfahrung des Einzelnen abhängig.

Vielleicht hat es ja auch dem Heiligen Antonius[14] geholfen, den Versuchungen und Heimsuchungen des Teufels, der Höllen- und Erdenmonstern zu widerstehen, weil er wusste, dass er nur durchzuhalten braucht, bis der ganze Spuk wie auf einem Schlag wieder verschwindet.

Tollkirschenreisende sprechen oft von einem Hieronymus-Bosch-Trip.

Dies fällt unter die Rubrik Vorbereitung und Erwartung, man halluziniert sozusagen nach, aber die Bilder des niederländischen Visionärs einer Höllen-Welt zwischen Mittelalter und Neuzeit, zur Blütezeit der Inquisition, sind gemalte Erkenntnis-Psychosen, wahrscheinlich auch toxischer Natur.

Auf dem Bild der *Versuchung des Heiligen Antonius* in Lissabon (um 1500) sieht man den Heiligen im Zentrum des Bildes, kniend, auf eine Mauer gestützt, eine Hand erhoben, wendet er dem Betrachter sein Gesicht zu, als bäte er um Beistand, umringt von einem Szenario, das ausschließlich seine durch Askese und Abgeschiedenheit (Reizentzug) hervorgerufenen Halluzinationen darstellt: Ein absurdes Theater, überfüllt mit albtraumhaften Gestalten, Zauberern, Untoten und Mischwesen, wie z. B. Häschern mit Schweinsköpfen, entsprungen einer durch die Inquisition ausgelösten Paranoia, vermischt mit Bildern heidnischen Aberglaubens, Geschöpfe einer deliranten Fantasie, die, den Schlaf der Vernunft der Neuen Zeit nutzend, im Kostüm der Alten zu einem Hexensabbat auftanzen.

*

Die Tollkirsche, seit jeher verwoben mit Vorstellungen archaischer Schicksals- und Zaubermacht, ist eine Frau von giftig-schöner Anmut und Verführungskraft, und von hier aus spannt sich der Bogen von den Mythen der Antike zu den Märchen der Romantik. Hekate, Kirke, Artemis, die Göttinnen des Draußen, Herrinnen der Tiere und Pflanzen, werden komprimiert und reduziert zur Gestalt der *Alten im Walde.*
Die Ambivalenz, die den antiken Gestalten ihren Reiz verliehen, wird aufgehoben, die schöne und geistreiche Verführerin zeigt nur noch ihre mörderische Seite, und, damit man sie auch als eindeutig böse erkennt, erscheint sie fast nur als hässliche uralte Frau: Menschenfresserin oder Giftmischerin, kurzum es erscheint das personifizierte weibliche Böse, wohnhaft im finsteren Wald.
Ihre Gegenspieler verkörpern die reine Unschuld: arglose Kinder, furchtlose Prinzen und Prinzessinnen oder schlaue Dummköpfe, die das Fürchten lernen wollen. Um die Ambivalenz und damit die Spannung wieder herzustellen, erschuf man die gute und die böse Mutter, verteilte die gegensätzlichen Eigenschaften, die einer Figur wie der Kirke eigneten, auf mehrere Protagonistinnen.
So begegnen wir im Märchen der bösen Stiefmutter (meist eine Hexe) im Kampf mit der guten und schönen Tochter oder einem faulen und einem fleißigen Mädchen, Goldmarie und Pechmarie etc., und immer erscheinen das Gute und das Böse scharf getrennt. Schaut man aber genauer hin, so schimmert die alte vieldeutige Mythenwelt noch immer hindurch.
Verführung, Verwandlung, Tod und Wiedergeburt – Metamorphosen im Wald – so könnte man das Märchen von »*Rotkäppchen*« untertiteln.
Wir befinden uns nicht mehr im antiken Zauberhain und die Zauberin Kirke muss jetzt zu anderen Mitteln greifen, um ihre Enkelin vom

145

rechten Weg abzubringen. Die Geschichte spielt im deutschen Märchenwald, doch ist es immer noch dasselbe Gift, mit dem verführt wird, und deshalb ist dies auch ein echtes Tollkirschenmärchen: romantisch und halluzinogen.

Ein junges Mädchen, »*eine kleine süße Dirne*«, soll ihrer kranken Großmutter einen Kuchen und eine Flasche Wein bringen. Die Großmutter liebt das Mädchen und hat ihm eine Kappe von rotem Samt geschenkt, die dem Mädchen so gut gefällt, dass es sie gar nicht mehr absetzen will. Um zur Großmutter zu kommen, muss Rotkäppchen in den Wald. Dort begegnet ihm der Wolf. Dieser entlockt dem Mädchen den Grund des Ausflugs und den Wohnort der Großmutter.

Er verleitet Rotkäppchen dazu, den Weg zu verlassen, in den Wald hineinzugehen und Blumen zu pflücken, dann schleicht er sich davon. Rotkäppchen erreicht das Haus der Großmutter, findet die Tür offen und die alte Frau recht verändert im Bett. Es kommt zur berühmten Frageszene, Rotkäppchen wird verschlungen und landet wie vorher die Großmutter im Bauch des Wolfes. Nun kommt ein Jäger am Haus im Wald vorbei, hört das Schnarchen des Wolfes und ahnt Böses. Er entdeckt den Wolf, vermutet die Alte im Bauch, schneidet diesen auf und befreit die beiden Frauen. Der Wolf bekommt Steine in den Bauch gelegt und fällt sich tot. Am Schluss verspricht Rotkäppchen sich selbst, in Zukunft den Ratschlag ihrer Mutter, nicht vom Weg abzuweichen, zu befolgen, soweit die Mär.[15]

Jedes Märchen ist ein facettenreiches Mosaik, zusammengesetzt aus schillernden Steinen, deren Farben sich ständig verändern. Auf den ersten Blick glaubt man, ein Bild zu erkennen, dann treten einzelne Elemente hervor, fordern ihr Eigenleben, das Bild gerät in Bewegung, wird unruhig, die Elemente verschieben sich, verändern ihre Beziehungen zueinander und ordnen sich neu.

So sollten wir ein Märchen betrachten als ein Kaleidoskop aus Tausend Bildern, für wieder Tausend Geschichten, die man daraus bilden könnte. Es gibt keine eindeutige Analyse und keine abschließende Interpretation.

Die Figuren, denen wir begegnen, fordern uns zum Tanz auf und hier tanzen wir sogar mit dem Wolf.

Ich sagte, dieses Märchen sei ein Tollkirschenmärchen, erstens, weil der Moment der Verführung genau dort spielt, wo eine Tollkirsche wachsen könnte: in einem lichten, halbschattigen Wald mit Blumen und Vogelgesang. Zweitens, weil Elemente auftauchen, die zur Tollkirsche gehören: Verführung, Verwandlung und das Erscheinen eines Walddämons, hier in Wolfsgestalt, der mit schöner und geschickter Rede, dem Sirenengift, ver-führt; und drittens wäre da die Hervorhebung des Gesichtsinns, des Auges als Erkenntnisorgan.

Schauen wir uns die Hauptdarsteller einmal genau an: Die Großmutter, zwischen der und dem Mädchen eine enge Verbindung zu bestehen scheint, wohnt nicht innerhalb der Dorfgemeinschaft, sondern draußen, mitten im Wald.

Das Mädchen erhält von ihr ein bemerkenswertes Geschenk: *das Rote Käppchen*. Es verleiht dem Mädchen einen neuen Namen, verändert dessen Identität, es ist aber auch ein Beweis starker Zuneigung der Alten, die das Mädchen anscheinend *zum Fressen gern hat*.

Neben der erotischen Bedeutung, die diesem Accessoire zugeschrieben wird und zu Recht auf die Nähe zu einem Initiationsritus verweist, möchte ich einen anderen Aspekt hervorheben:

Sich eine rote Mütze oder Kappe aufzusetzen, ist für mich an dieser Stelle, ohne die vielen anderen Assoziationen abtun zu wollen, ein Zeichen des Ungehorsams, es trägt das Flair der Revolution.

Von der Mutter, eine Nebenrolle, erhält Rotkäppchen nur mahnende Worte auf den Weg: Geh nicht vom Weg ab, du könntest Glas zerbrechen, und wenn du bei der Großmutter bist, schau nicht erst in alle Ecken, will sagen, sei nicht so wissbegierig, die Geheimnisse des Waldes und die der Alten im Walde sind nichts für dich.

Und Rotkäppchen will alles recht machen, aber im Wald trifft sie den Wolf, vor dem sie sich nicht fürchtet. Sie spricht mit ihm, als wären sie gut miteinander bekannt und schickt ihn nach Hause zur Großmutter: *»…, da steht ihr Haus, unten sind die Nusshecken, das wirst du ja wis-*

sen«,[16] sagt sie am Ende ihrer Wegbeschreibung, als wäre ihr plötzlich klargeworden, wer da vor ihr steht. Und sie bekommt von Großmutter-Wolf[17] eine andere Belehrung, eine Aufforderung zum Ungehorsam:

> *»Rotkäppchen, sieh einmal die schönen Blumen, die ringsum stehen, warum guckst du dich nicht um? Ich glaube, du hörst gar nicht, wie die Vöglein so lieblich singen? Du gehst ja für dich hin, als wenn du zur Schule gingst, und ist so lustig haußen im Wald.«*[18]

Rotkäppchen soll die Augen öffnen für die Schönheit der Natur, und als wäre sie vorher blind und taub gewesen, sind ihre Sinne plötzlich erwacht: *»Rotkäppchen schlug die Augen auf, und als es sah, wie die Sonnenstrahlen hin und her tanzten und alles voll schöner Blumen stand«*[19], da ist sie voller Dankbarkeit für die Zauberin, von der sie später verschlungen wird, damit Rotkäppchen als erwachsener Mensch den Wald verlässt, und sie beschließt, der Großmutter einen Strauß Blumen zu pflücken, *»… und sie lief vom Weg ab in den Wald hinein und suchte Blumen.«*[20]

Rotkäppchen verläuft sich nicht, sie findet den Weg zum Haus im Wald, wo ihre Prüfung auf sie wartet, denn das *»Waldhaus«*[21] und *»Die Alte im Walde«*[22] sind Orte der Bewährung. Nur wer alles richtig macht, d. h., die Tiere beachtet, in alle Ecken kuckt und die Angst besiegt, kommt wieder heraus aus dem Wald.

Der Ausdruck *Herrin der Tiere* bedeutet nicht die absolute Herrschaft über diese, sondern deren Komplizenschaft, und verweist auf die Doppelexistenz, die Macht der Verwandlung, die Möglichkeit, jederzeit ein Tier sein zu können.

Warum aber erscheint die Alte dem Rotkäppchen als Wolf?

Er ist das männliche Pendant zur Hexe, ein haariger Walddämon, die Hexen nehmen, wie schon ihre Schutzpatronin Hekate, gern seine Gestalt an, denn, kaum sichtbar, lautlos, schnell und flüchtig, wie ein grauer Schatten, zieht er durch die Wälder.

Wir kennen den Wolf als Isegrim aus der Tierfabel, dort ist er mit seinem Komplizen, dem Fuchs, unterwegs, zwei listige Gesellen, nur dass die Gier des Wolfes seine Intelligenz besiegt, weshalb er von Gevatter Fuchs überlistet werden kann. Andererseits ist er ein effektiver und erbarmungsloser Jäger, ein verschlingendes, eschatologisches Ungeheuer: Zur Wolfszeit, *Ragnaröck* oder Götterdämmerung, wenn der *Fenriswolf* sich losreißt, werden zwei Wölfe Sonne und Mond verschlingen.[23]

Das Leuchten seiner Augen in der Nacht: Verführung zum Tode oder Rettung aus der Not? Wer verführt, der führt auch, und nicht nur ins Totenreich – Charon, der Fährmann, der die toten Seelen über die Totenflüsse zum Hades führt, trug bekanntlich Wolfsohren –, sondern auch ans Ziel: Den Heiligen Antonius führte ein Wolf zur Einsiedelei des Paulus, und manchmal sollen sie auch für verlassene Menschenkinder gesorgt und diese aufgezogen haben.

So verkörpert er die Dunkelwelt, die Finsternisse unbewusster, unbändiger Gier: verbissenes Begehren, den Wunsch, sich alles einzuverleiben, aber auch das Licht natürlicher Intelligenz.

Dieser zwielichtige Geselle schlüpft nun in die Rolle des schmeichelnden Versuchers, aber ein harmloser Verführer ist er keiner. Rotkäppchen sieht jedoch keine Gefahr, sie hat ihre Augen noch nicht geöffnet und weiß noch nichts von Gut und Böse. Erst, nachdem sie den Schulweg verließ und verschlungen wurde, ist sie fähig zu differenzieren. Wohlgemerkt, Rotkäppchen und die Großmutter werden nicht gefressen, sondern verschlungen; das Menschenfressermotiv tritt zurück hinter das der Verwandlung.

Der Ort der Verwandlung ist hier weder die Finsternis des Waldes noch das Totenreich, er wird verlegt in den Körper des Wolfes. Hier lernt Rotkäppchen das Grauen und den Tod kennen.

Das Chaos regiert.

Dann erscheint das Ordnungsprinzip in der Gestalt des Jägers, der die Wiedergeburt einleitet. Rotkäppchen darf wieder ins Leben zurück und die Alte ist wieder die liebe Großmutter, die sich über Wein und Kuchen freut. Alles ist wieder an seinem Platz.

Für Rotkäppchen aber war es ein Übergang ins Erwachsenenleben, sie ist nicht mehr die naive Dirne und hat gelernt, dass das Erkennen der Schönheit der Natur die Gefahr des Todes in sich trägt.

✳

Begehren und Verführbarkeit bestimmen das Schicksal des Menschen, von Beginn seiner Bildungsgeschichte an, seit er sich seiner Grenzen bewusst ist, schaut er auf das Grenzenlose.

Er blickt über den Horizont hinaus und fasst das Unmögliche ins Auge, dabei befällt ihn ein Schwindel (Vertigo), als blicke er in einen Abgrund, »*in eine gähnende Tiefe*«[24], denn diese Liebäugelei mit der verbotenen Frucht, die Versuchung, ein unendliches Bewusstsein zu begehren, erzeugt jene existenzielle Angst, »*jene(n) Schwindel der Freiheit*« *(Sögen Kierkegaard)*[25], an dem Auge und Abgrund gleichermaßen beteiligt sind.

In diesem Abgrund aber spiegelt sich die Unendlichkeit des Himmels. Die Fantasie des Menschen reicht in den Himmel des Unmöglichen hinauf, doch kann der Mensch bekanntlich nicht fliegen, es sei denn, in einem halluzinogenen Rausch.

Aber auch dank unseres Anteils an Geist, der nicht nur Kultur, sondern auch Natur beinhaltet, und der sich daraus entwickelten Einbildungskraft, besitzen wir Flügel, sofern wir diese wachsen und uns von ihnen tragen lassen.

✳

Sind die Gewaltigen, die Schicksalsfrauen, uns gewogen, so erleben wir vielleicht im Versuch des schöpferischen Tuns, im Verwandeln des Unerschöpflichen, einen Augenblick des Glücks, das Unbegrenzte zu begreifen, das Undenkbare zu artikulieren, ein paradoxer *Schwindel*, vielleicht, aber alles, was wir erreichen können:

»*einmal … (nur) und mehr bedarf es nicht*«.
(Friedrich Hölderlin)[26]

Anmerkungen und Literatur

1 Platon: »Politeia« (X 617b – c) in: »Sämtliche Werke«, übersetzt von Friedrich Schleiermacher, Franz Susemihl, Frankfurt/M., 1991, S. 777.

2 Hesiod: »Theogonie« (212 – 223 / 904 – 905), übersetzt von Otto Schönberger, Stuttgart, 2011, S. 19 und S. 69.

3 Edward Tripp: »Reclams Lexikon der antiken Mythologie«, übersetzt von Rainer Raute, Stuttgart, 1999, S. 61 und S. 351.

4 HEGI – Flora von Mitteleuropa, Bd. 5, 4. Teil, München, 1928, S. 2565.

5 vgl. Prof. Dr. Heinrich Marzell: »Geschichte und Volkskunde der deutschen Heilpflanzen«, St. Goar, 2002, S. 219.

6 Richard Wagner: »Tristan und Isolde«, dritter Aufzug, 2375 – 2380, Stuttgart, 2003, S. 108.

7 Homer: »Odyssee«, 10. Gesang, 230 – 240, übersetzt von Johann Heinrich Voss, Zürich, 1980, S. 131.

8 Enrico Malizia: »Liebestrank und Zaubersalbe«, München, 2002, S. 144.

9 K. Lohs, D. Martinetz: »Gift, Magie und Realität – Nutzen und Verderben«, 1986, Hamburg,

S. 16 u. 25,

10 ebenda,

11 Zu *Wolfsauge und Teufelsgückle* vgl. Prof. Dr. Heinrich Marzell: »Wörterbuch der deutschen Pflanzennamen«, Leipzig, 1943, Sp. 516 ff

12 Zu den Inhaltsstoffen, Wirkungen und Anwendungen vgl. Angelika Prentner: »Bewusstseinsverändernde Pflanzen von A – Z«, Wien, 2010, S. 233 f. und Dr. Wesselin Denkow: »Gifte der Natur«, Steyr, 1992, S. 64 u. S. 65.

13 Oliver Sacks: »Drachen, Doppelgänger und Dämonen«, Hamburg, 2013, S. 13.

14 »Antonius der Große, Eremita, Hl. (17. Jan.) … 251 in Heraklea in Ägypten geboren …« in Hiltgart L. Keller: »Reclams Lexikon der Heiligen und biblischen Gestalten«, Stuttgart, 2001, S. 51 – 52.

Zu den Visionen des Heiligen vgl. Gustav Flaubert: »Die Versuchung des Hl. Antonius«.

15 Brüder Grimm: »Kinder- und Hausmärchen«, Bd. I, Nr. 26, S. 156 – 160.

16 ebenda, S. 157.

17 vgl. Marie-Louise von Franz: »Der Schatten und das Böse im Märchen«, München, 1985, S. 234.

18 siehe Anm. 14 (S. 157 – 158).

19 ebenda, S. 158.

20 ebenda.

21 siehe Anm. 14, Bd. II, »Das Waldhaus«, Nr. 169, S. 313.

22 ebenda, »Die Alte im Walde«, Nr. 123, S. 179.

23 vgl. Clemens Zerling: »Lexikon der Pflanzensymbolik«, Baden, München, 2007, S. 268.

24 Sören Kierkegaard: »Der Begriff Angst«, Stuttgart, 1992, S. 72

25 ebenda..

26 Friedrich Hölderlin: »An die Parzen« (1798) aus »Sämtliche Werke«, Frankfurt/M., Wien, Zürich, 1961, S. 184.

Giftgrazie
Die Ambivalenz des Schönen

»… Denn das Schöne ist nichts
als des Schrecklichen Anfang, den wir noch grade ertragen,
und wir bewundern es so, weil es gelassen verschmäht,
uns zu zerstören …«[1]

»Engel und Puppe: dann ist endlich Schauspiel.«[2]
(Rainer Maria Rilke)

Wie sehr die beiden Begriffe Gift und Grazie, von denen jeder für sich ein vielgestaltiges und zwiespältiges Wesen besitzt, eine sich stets wandelnde Form, die immer bereit scheint, in ihr Gegenteil umzukippen, miteinander verwoben sind – ein kontrastreiches Muster bildend, dem Simultankontrast gleich, der aus einer anscheinend leblos grauen Fläche einen Farbton hervorzuzaubern, aber auch zwei Farben zu höchster Aktivität und Intensität zu stimulieren vermag –, tritt nach der Passage durch die sechs Naturbilder klar hervor.

Gift und Grazie, zu einem Kompositum vereint, bezeichnen einen Zusammenfall der Gegensätze, einen Dualismus, dessen Widersacher sich zärtlich umschlingen, da das eine Element dem anderen zu höchster Steigerung verhilft. Im Moment ihrer Berührung nähern sie sich einem gefährlichen Höhepunkt und damit einer Zone, die die Grenze menschlicher Möglichkeit markiert.

Einerseits »*des schrecklichen Anfang*«, andererseits »*endlich Schauspiel*«, plötzliche Erscheinung einer sich androhenden Vereinigung, die uns mit Erregung und Erwartung erfüllt, wie ein gespannter Bogen, an dessen Sehne der Pfeil schon vibriert, bereit zu schnellen, um sein Ziel zu treffen.

In diesem Augenblick sind Bewusstes und Unbewusstes vereint, die innere Bewegungsenergie befindet sich exakt im Mittelpunkt der Bewegung, das gilt auch für die Bewegung des Denkens. Es ist der Augenblick, von dem man sich wie Goethes Faust wünscht, er möge verweilen, wissend, dass dies den Tod bedeutet.

Ein plötzliches Aufbrechen der Oberfläche des Alltäglichen, das uns etwas zeigt, ein Zwischenraum, in dem etwas sichtbar und spürbar wird, das uns in unseren tiefsten Schichten berührt, den inneren Kampf unserer Widersprüche vorübergehend auflösend.

Platon kreiert im Parmenides eine *Kategorie des Übergangs* und nennt sie »*Augenblick ... dieses unfassbare Wesen ... liegt zwischen der Bewegung und der Ruhe als in keiner Zeit seiend, und in ihm hinein und aus ihm hervor geht das Bewegte über zur Ruhe und das Ruhende zur Bewegung*«[3], dieser Übergang meint auch denjenigen zwischen Werden und Vergehen.

Giftgrazie schließt das in sich ein: das Bewegende, die Liebes- und Lebensenergie und das zur Ruhe Strebende, das Lösende und Zersetzende des Giftes. Sie ist die Schönheit des Übergangs, die im Zerbrechen einer Form, in der Auflösung eines Gefüges erscheint.

Die Wirkkraft entgegengesetzter Energien bestimmt nicht nur das Wachstum der Pflanzen, sondern auch die Existenz des Menschen, daher rühren Verzauberung und Angst.

Die Erkenntnis des Prinzips der ewigen Transformationsprozesse – das Gesetz der Metamorphose – zwischen Materie und Geist, befreit von der Trennung aus Angst.

Heinrich von Kleist setzte den Mangel an Grazie als eine Art Chiffre für die Zerrissenheit, dank zunehmender Reflexion, dieses Uneinssein mit sich selbst, das sich nicht nur im ästhetischen Bereich zu einer Behinderung entwickelt.

Der Verlust der Grazie steht für die Unmöglichkeit, dass je wieder zusammenkomme, »*was wir immerfort entzweien, indem wir da sind.*«[4]

Der Weg zurück zur unschuldigen Einheit des Paradieses bleibt versperrt, das Ziel jenseits unserer begrenzten Vernunfterkenntnis, das unendliche Bewusstsein, ist unerreichbar.

So bleibt uns nur die Gewissheit, dass wir leben, um zu sterben, dass wir aber nicht davon ablassen, hoffnungslos ins Unmögliche vernarrt zu sein und »*Pfeile der Sehnsucht*«[5] über uns hinauszuschießen, brennende Pfeile, die uns den Weg durchs Unendliche hindurch erhellen, um die Sichtsperre unserer Vorstellungen zu überwinden, die uns, wie Platons Höhlenbewohner in einer solchen festsitzend, auf Schatten starren lassen.

Die Annahme, dass es jenseits unserer Vorstellungen nichts mehr zu erkennen gebe, dass der direkte Blick ins Licht der Sonne, das Licht metaphysischer Erkenntnis, für uns unerträglich ist, uns das Augenlicht zu nehmen droht, dass wir deshalb nur am Abglanz, der Spiegelung des Sonnenlichts, die Welt erkennen, worüber einst Faust in »*anmuthiger Gegend*«[6] reflektierte, war für Kleist das Todesurteil: der nicht tanzbare Tanz, das nicht lebbare Leben, keine Schönheit, keine Liebe und keine Wahrheit hier auf Erden.

Er folgte wie Sokrates dem »*Ruf der Todesgöttin*«[7], das Philosophieren als Königsweg zum Tod, die allmähliche Ab- und Erlösung vom Körper, dem Käfig irdischer Verhältnisse. Sokrates trank den Schierlingsbecher gern, damit das Gift seine Glieder löse und seine Seele sich endlich erhebe zum freien Flug.

Der Begriff *Yūgen*, eine der Grazie entsprechende Kategorie der japanischen Ästhetik, die ich der kleistschen negativen Form (Verlust) anfügte, setzt genau an dieser Stelle an, um über den Todespunkt hinwegzuhelfen. Das tiefste Schwarz ist die Geburt des hellsten Lichts, der Tod wird nicht verdrängt, vielmehr als wesentlicher Gegensatz mit einbezogen. Das Vergängliche steigert mit simultaner Energie das Lebendige, die Kreativität.

Der ästhetische Mensch antwortet auf die Herausforderung des Todes mit einer Geste der Grazie. Die in der Natur wahrgenommene Vergänglichkeit ist der Tropfen Gift, der uns das Wahrgenommene verzaubert: Es ist gerade deshalb schön, weil es uns durch seine Erscheinung hindurch sagt:

»Schau mich an, so siehst du mich nur in diesem Moment, in dem wir uns begegnen. Morgen schon wird meine Blüte verwelkt sein und meine Schönheit wird wie meine Blätter verdorrt am Boden liegen.«

Nur was vergeht, das, was wir nicht halten können, ist kostbar.

Es gibt nur Ruhe *und* Bewegung, die Form des Übergangs, und Giftgrazie ist die Erscheinung ihres Geheimnisses.

Die Natur hält uns in all ihren Erscheinungen den Spiegel vor.

Auch wir sind nur vorübergehende Form, vorläufig, auch wir kehren ins formlose Dunkel zurück. Was uns formlos erscheint, ist in einer anderen Welt eine andere Gestalt, was für uns wirklich ist, ist dort vielleicht nur ein Traum.

Grazie bewegt, keine »*Träume von Stein*«[8] ähneln diesem Zauber, jede Bewegung verändert, die Aufgabe einer Form bringt eine andere hervor. Gift löst, verwandelt und zerstört, schafft Platz für Neues, erweitert die Entfaltungsmöglichkeiten.

In der Giftgrazie vereinen sich das Bewegende und das Lösende zum Ausdruck ein und derselben Verwandlungsenergie, einer unbewussten und ambivalenten Erscheinungsform des Schönen.

So wie das Gift, als natürliche Substanz völlig neutral, vom Menschen zum Guten oder Bösen verwendet, sich einer endgültigen Beherrschung immer wieder entziehend, als Naturstoff unzähmbar bleibt (wie die Zellen unseres Körpers, die sich plötzlich gegen uns wenden und uns töten können), so kann Grazie niemals einer bewussten Intention entspringen.

Sie erscheint vielmehr durch eine Nachlässigkeit des Bewusstseins, unwillkürlich, frei von den Bemühungen eines Kunstwollens, absolut notwendig trifft ihr Zauber – wie ein vergifteter Liebespfeil – mitten ins Herz.

Wie das Sinnbild des Pfeiles Liebe mit Gift verbindet, so verbindet Gift und Grazie das Band der *Verführung*.

Sie führt uns noch einmal an den Anfang der Bildungsgeschichte des Menschen, der Geschichte seiner Entscheidungsfreiheit, denn ohne sie wäre er nicht verführbar. Es war die Entscheidung, einer Stimme zu lauschen, sich aus der vertrauten Führung Gottes herauszulösen, um sich den Einflüsterungen dieser inneren Stimme, das Dämonische als Projektion, zu öffnen, die mit gespaltener Zunge zischelnd riet, die verbotenen Früchte zu verspeisen, gerade weil es da eine Gegenstimme – eine Warnung – gab.

Die von Heinrich von Kleist hervorgehobene Stelle der Genesis (1. Mose 3) schildert ein Selbstgespräch in einem Paradies, das schon längst kontaminiert und als *goldener Käfig* erkannt worden war.

Die Früchte erschienen köstlich, eine Lust für die Augen, wahrscheinlich dufteten sie verheißungsvoll und vielversprechend.

Ihre Faszination aber, das, was sie unwiderstehlich machte, lag gerade in dem Versprochenen, der Möglichkeit einer Überschreitung, dem Griff nach dem Unmöglichen, der Suggestion des verführerischen Traums, mehr sein zu können, als man ist.

∗

Schönheit allein reicht nicht zur Kunst der Verführung.

Die Göttin der Schönheit und Liebe, Aphrodite, besaß einen Gürtel, der allein die zwingende Macht der Verführung verlieh. Zu ihr kam Hera und bat:

> *»Gib mir die Kräfte der Sehnsucht und Liebe, mit denen du alle zwingst, die unsterblichen Götter sowohl wie die sterblichen Menschen«*[9],

Aphrodite gewährte ihr den Wunsch und

> *»… löste vom Busen den wunderkräftigen Gürtel;*
> *Farbig waren darin die Reize des Zaubers gewoben*
> *Alle: Liebe, Begierde, betörendes Liebesgeflüster,*
> *Schmeichelnde Bitte, die selbst dem Verständigsten raubt*
> *die Besinnung …«*[10]

Mit diesem Zauber kann man binden und lösen, in die Irre führen, ins Verderben leiten oder ins Paradies entrücken.

Gift und Grazie sind weder gut noch böse, sie sind Erscheinungsformen freier – und wie im Universum zum größten Teil unsichtbarer –

Energie, dem zyklischen Rhythmus zwischen Zerstörung und Formung folgend, jenseits des Bewusstseins und aller Ziererei, Ausdruck
einer sich ewig suchenden Form, die das Finden längst überwunden
hat.

✳

Auflösung, Zerstörung und Tod sind so schön wie jeder Anfang.
Das ist die Ästhetik freier Natur, das An-sich des Naturschönen.
Für die Kunst unerreichbar, solange sie das Schöne nur fixieren und
zwingen will. Es sei denn, sie verführe zur Weisheit wie der Gesang
der Sirenen, Naturlaut aus Göttermund, Verkündigungen aus *vorsünd-
flutlicher* Zeit, poetische Verdichtung verbotenen Wissens, betörender
und vernichtender Reiz.
Ein Gesang, so unerhört, dass er dem Schweigen gliche.
Und ist das Ohr nicht näher am Unbewussten, verführbarer und emp-
fänglicher für suggestive Töne als das sonnenhafte Auge?
Die Sirenen bedeuten selbst das unerreichbare Ziel, absurdes Begehren bis zur Raserei.
Der Mensch, der ihren Gesang einmal vernimmt und ihm folgt, kehrt
niemals heim und kommt niemals an.

✳

In der Bildungsgeschichte des Menschen und der Natur zeigt sich, dass
eine »*Höherentwicklung*« in einem Bereich sehr oft mit einem Verlust,
einer »*Rückbildung in einem anderen*« bezahlt wird.[11]
Auch hier ist es wieder die Natur, die uns lehrt, weniger an einen linearen Fortschritt als an ein Prinzip der Wiederholung zu glauben, denn
an diesem haben wir die einzige Annäherung an die Ewigkeit, die sich
durch den Zauber des Augenblicks im Zeitlichen spiegelt.
Giftgrazie ähnelt den Flügeln eines Schillerfalters, die bei jeder Bewegung einen Farbwechsel vollziehen, einen eigenen Farbton besitzen
sie nicht.
Ist Grazie nicht der lebendigste Ausdruck des Schönen, gerade weil

sie nur unwillkürlich und ungerufen erscheint, und ist Gift nicht die berauschendste, betörendste Substanz, gerade weil eine tödliche Gefahr in ihr lauert, und ist die Verführung zum Tode nicht die höchste Form der Lust?

Es bleibt der ausweglose Weg des Künstlers, sich diesem Paradox zu stellen. Giftgrazie diene der Läuterung, der Befreiung von der bemühten Geste und dem Eingeständnis, dass unsere Kunst darin bestehe, verzaubert und verführt zu unterliegen. Das daraus Resultierende wäre Poesie:

>>*Natur, du erbarmungslose Zauberin,*
immer siegreiche Rivalin, lass mich in Ruhe!
Hör auf, meine Sehnsucht und meinen Stolz anzustacheln!
Das Erforschen des Schönen ist ein Zweikampf,
bei dem der Künstler vor Schrecken aufschreit, ehe er unterliegt.<<
(Charles Baudelaire)[12]

Anmerkungen und Literatur

1 Rainer Maria Rilke: »Duineser Elegien«, Frankfurt / M., 2000, »Die erste Elegie«, S. 9.

2 siehe Anm. 1, »Die vierte Elegie«, S. 23.

3 Platon: »Parmenides« 26, (156d – 157a) übersetzt von Friedrich Schleiermacher in »Sämtliche Werke«, Bd. 3, Frankfurt / M., 2010, S. 133.

4 siehe Anm. 2, ebenda.

5 Friedrich Nietzsche: »Also sprach Zarathustra«, München, 2010, S. 16.

6 Johann Wolfgang von Goethe: »Faust«» 2. Teil, 1 Akt, München, 1997, S. 10.

7 Romano Guardini: »Der Tod des Sokrates«, Hamburg, 1956, S. 114.

8 Charles Baudelaire: »Die Schönheit« in »Die Blumen des Bösen«, übersetzt von Carlo Schmid, Frankfurt, 1976, S. 33.

9 Homer: »Ilias«, 14ter Gesang (197 – 217), übertragen von Hans Rupé, München, 1989, S. 477.

10 ebenda.

11 vgl. Siegmund Freud: »Das Ich und das Es / Jenseits des Lustprinzips«, Frankfurt, 1990, S. 150.

12 Charles Baudelaire: »Das »Confitoer des Künstlers« aus »Kleine Prosagedichte, Der Spleen von Paris«, übersetzt von Irene Kuhn, Darmstadt, 2000, S. 9.